EN İYİ FRANSIZ ECLAIRS KILAVUZU

Evde Fransız Eklerleri Hazırlamak İçin Tam Rehberiniz

Esma Can

Telif Hakkı Malzemesi ©2024

Her hakkı saklıdır

Bu kitabın hiçbir bölümü, incelemede kullanılan kısa alıntılar dışında, yayıncının ve telif hakkı sahibinin uygun yazılı izni olmadan, hiçbir şekilde veya yöntemle kullanılamaz veya aktarılamaz. Bu kitap tıbbi, hukuki veya diğer profesyonel tavsiyelerin yerine geçmemelidir.

İÇİNDEKİLER

İÇİNDEKİLER 3
GİRİİŞ 7
AYNA CAMLI EKLER 8
   1. Ayna Camlı Eggnog Eklerleri 9
   2. Galaxy Ayna Sırlı Beyaz Çikolatalı Ekler 13
   3. Ayna Sırlı ve Kum Kırıntılı Renkli Eklerler 16
   4. Ayna Sırlı Beyaz Çikolatalı Eklerler 19
   5. Pembe Ayna Sırlı Eklerler 22
   6. Çikolatalı Fındıklı Ayna Sırlı Eklerler 25
   7. Ahududu Limonlu Ayna Sırlı Eklerler 28
   8. Kahve Karamel Ayna Sırlı Eklerler 31
   9. Matcha Beyaz Çikolatalı Ayna Sırlı Eklerler 34
ÇİKOLATALI EKLER 37
   10. Karamelli Çikolatalı Eklerler 38
   11. Muhallebi Dolgulu Çikolatalı Eklerler 40
   12. Çikolatalı Grand Marnier Eklerleri 43
   13. Dondurulmuş Çikolatalı Nane Eklerleri 47
   14. Mini Çikolatalı Ekler 51
   15. Jello Vanilyalı Puding Eklerler 53
   16. Kurabiyeler ve Kremalı Eklerler 55
   17. Çikolatalı Fındıklı Eklerler 58
   18. Nane Çikolatalı Eklerler 61
   19. Beyaz Çikolatalı Ahududu Ekleri 64
   20. Bitter Çikolatalı Portakallı Eklerler 67
   21. Baharatlı Meksika Çikolatalı Eklerleri 70
   22. Fındıklı Pralin Çikolatalı Eklerler 73
   23. Crème Brûlée Çikolatalı Ekler 76
   24. Glutensiz Çikolatalı Eklerler 79
   25. Çikolatalı ve Tuzlu Karamelli Ekler 82
   26. Pralin Dolgulu Çikolatalı Ekler 85
   27. Çikolatalı Fıstıklı Ekler 88
   28. Çikolatalı Mus Eklerleri 91

MEYVELİ EKLER 94

29. AHUDUDU-ŞEFTALİ MOUSSE EKLERLERİ 95
30. TURUNCU EKLERLER 99
31. TUTKU MEYVELİ EKLERLER 103
32. TAM BUĞDAY MEYVELİ EKLERLER 106
33. PASSİON FRUIT VE AHUDUDU EKLERİ 109
34. ÇİLEK VE KREMALI EKLERLER 113
35. KARIŞIK BERRY EKLERLERİ 116
36. AHUDUDU VE LİMONLU BEZE EKLERİ 120
37. AHUDUDU VE SÜTLÜ ÇİKOLATA EKLERLERİ 123
38. KIRMIZI KADİFE ÇİKOLATALI AHUDUDU EKLERİ 126
39. MUZ KREMALI PASTA EKLERLERİ 129
40. ÇİLEKLİ KREMALI EKLER 132
41. MANGO PASSIONFRUIT EKLERLERİ 135
42. LİMONLU YABANMERSİNLİ EKLER 138
43. AHUDUDU BADEMLİ EKLER 141
44. ANANASLI HİNDİSTAN CEVİZLİ EKLER 144
45. KARIŞIK MEYVE VE LİMON KABUĞU EKLERİ 147
46. ŞEFTALİ ZENCEFİLLİ EKLER 150
47. BÖĞÜRTLEN LİMONLU EKLER 153
48. KIVI HİNDİSTAN CEVİZLİ EKLER 156

CEVİZLİ EKLER 159

49. ÇİKOLATALI BADEMLİ ACIBADEM KURABİYESİ EKLERİ 160
50. FISTIKLI LİMONLU EKLER 163
51. ÜZERİ FINDIKLI AKÇAAĞAÇ SIRLI EKLERLER 168
52. AHUDUDU FISTIKLI EKLER 171
53. ÇİKOLATALI VE FINDIKLI EKLERLER 174
54. FISTIK EZMELİ ÇİKOLATALI EKLERLER 177
55. BADEMLİ PRALİN EKLERLERİ 180
56. CEVİZ AKÇAAĞAÇ EKLERLERİ 183
57. FISTIKLI GÜL EKLERLERİ 186
58. CEVİZLİ KARAMELLİ EKLER 189
59. MACADAMIA BEYAZ ÇİKOLATALI EKLER 192

BAHARATLI EKLERLER 195

60. AKÇAAĞAÇ BALKABAĞI EKLERLERİ 196

61. TARÇINLI BAHARATLI EKLERLER 199
62. KAKULE EKLERLERI 202
63. ZENCEFILLI KURABIYE EKLERLERI 205
64. HINDISTAN CEVIZI İNFÜZYONU EKLERLERI 208
65. CHAI LATTE EKLERLERI 211
66. BAHARATLI PORTAKAL KABUĞU EKLERI 214

ŞEKER EKLERİ 217

67. FISTIK EZMELI FINCAN ECLAIR 218
68. TUZLU KARAMELLI EKLERLER 221
69. S'MORES EKLERLERI 225
70. NANE EKLERLERI 227
71. ŞEKERLEME CRUNCH EKLERLERI 230
72. PAMUK ŞEKER EKLERLERI 233
73. ROCKY ROAD EKLERLERI 236
74. SAKIZ EKLERLERI 239
75. EKŞI YAMA NARENCIYE EKLERLERI 242
76. MEYANKÖKÜ AŞIKLAR ÉCLAIRS 245

KAHVE AROMALI EKLER 248

77. KAPUÇINO EKLERLERİ 249
78. TIRAMISU EKLERLERİ 251
79. MOCHA EKLERLERI 254
80. ESPRESSO FASULYESI CRUNCH EKLERLERI 257
81. İRLANDA KAHVESI EKLERLERI 260
82. VANILYALI LATTE EKLERLERI 263
83. KARAMEL MACCHIATO EKLERLERI 266
84. FINDIKLI KAHVELI EKLER 269

PEYNİRLİ EKLER 272

85. YABAN MERSINLI CHEESECAKE ECLAIR 273
86. GOUDA SIRLI EKLERLER 276
87. AHUDUDU GIRDAPLI CHEESECAKE EKLERI 279
88. ÇIKOLATALI MERMER CHEESECAKE EKLERLERI 282
89. TUZLU KARAMELLI CHEESECAKE ECLAIR 285
90. FISTIKLI PRALINLI CHEESECAKE EKLERI 288
91. HINDISTAN CEVIZLI KREMALI CHEESECAKE EKLERI 291

92. Çilekli Cheesecake Eklerleri 294
93. Limonlu Cheesecake Ekleri 297

ECLAIR'DEN İLHAM ALAN TARİFLER 300

94. Muzlu pasta kruvasanlar 301
95. Kremalı Puflar ve Eklerli Halka Kek 303
96. Çikolatalı Badem Kruvasan Eklerleri 306
97. Çikolatalı Ekler Barlar 309
98. Çikolatalı ekler pastası 311
99. Fıstıklı Güllü Ekler Pasta 313
100. Akçaağaç Pastırmalı Ekler Lokmaları 316

ÇÖZÜM 319

GİRİŞ

Kendi mutfağınızın rahatlığında enfes Fransız eklerleri hazırlama sanatına kapsamlı yolculuğunuz olan "Nihai Fransız Ekleri Rehberi"ne bienvenue. Bu kılavuz, zarafeti ve hoşgörüsüyle büyüleyici, mükemmel bir Fransız ikramı olan éclair'in hassas, hamur işi mükemmelliğinin bir kutlamasıdır. Bu ikonik hamur işlerini yaratmanın sırlarını ortaya çıkaran ve Fransız pastanesinin inceliklerini evinize getiren bir mutfak macerasında bize katılın.

Taze pişmiş eklerlerin baştan çıkarıcı aroması, çıtır hamur işlerinin fısıltısı ve lezzetli dolguların beklentisiyle dolu bir mutfak hayal edin. "Nihai Fransız Eklerleri Rehberi" yalnızca bir dizi tarif değildir; choux hamur işi ustalığı, yozlaşmış dolgular ve hassas sırlama sanatı dünyasına bir yolculuk. İster deneyimli bir fırıncı olun ister tutkulu bir ev aşçısı olun, bu tarifler ve teknikler, otantik Fransız eklerleri yaratmanın adım adım sürecinde size rehberlik etmek için hazırlanmıştır.

Klasik çikolatalı eklerlerden yaratıcı meyve dolgulu çeşitlere ve ipeksi pasta kreması dolgularından parlak sırlara kadar her tarif, eklerlerin sunduğu çok yönlülüğün ve gelişmişliğin bir kutlamasıdır. İster özel bir etkinliğe ev sahipliği yapıyor olun, ister yalnızca Paris zarafetinin bir dokunuşunu arzuluyor olun, bu kılavuz, kendi mutfağınızda fırın kalitesinde eklerler elde etmenin pasaportudur.

Her yaratımın bu ikonik hamur işlerini tanımlayan hassasiyetin, lezzetin ve ustalığın bir kanıtı olduğu ekler işçiliğinin inceliklerini keşfederken bize katılın. Öyleyse önlüğünüzü giyin, choux sanatını benimseyin ve "En İyi Fransız Eklerleri Rehberi" aracılığıyla bir mutfak yolculuğuna çıkalım.

AYNA CAMLI EKLER

1.Ayna Camlı Eggnog Eklerleri

İÇİNDEKİLER:
YUMURTA KÖPÜĞÜ:
- 100 gr süt
- ½ vanilya çekirdeği
- 3 yumurta sarısı
- 40g şeker
- 3 ½ yaprak (6g) jelatin
- 150 gr yumurta likörü
- 200 gr krem şanti
- Bitter çikolatalı çıtır inciler (örn. Valrhona[1])

KISA KABUK:
- 125g tereyağı
- 85 gr pudra şekeri
- 35g badem
- 42g çırpılmış yumurta (1 küçük yumurta)
- 210g un tipi 550
- 1 tutam tuz

Ganaj:
- 65g krema
- 40g kuvertür %70[1], doğranmış veya fileto
- 26g kuvertür %55[1], doğranmış veya fileto
- 120 gr soğuk krema

PARLAK SIR:
- 190g krema
- 200 gr şeker
- 70g su
- 80 gr glikoz şurubu
- 80g koyu pişirme kakao
- 6 yaprak (16g) jelatin

TOPLANTI:
- Koyu ve bronz berrak inciler

TALİMATLAR:
YUMURTA KÖPÜĞÜ:
a) Jelatini buz gibi soğuk suya batırın.
b) Küçük bir tencerede, vanilya çubuğunun bulunduğu sütü kaynatın.
c) Ayrı bir kapta yumurta sarılarını şekerle karıştırın, ardından karıştırarak sıcak vanilyalı sütü ekleyin.
ç) Karışımı tekrar tencereye dökün ve karıştırarak 82-85 santigrat dereceye kadar ısıtın.
d) Ateşten alın ve ıslatılmış jelatini kremanın içinde çözün, ardından yumurta likörünü ekleyip karıştırın.
e) Karışımı süzün ve çırpılmış kremayı ekleyin.
f) Tek kullanımlık bir sıkma torbasını yumurta likörü köpüğüyle doldurun ve küçük bir ucunu kesin.
g) Fashion Eclairs kalıbının on girintisini köpükle yarıya kadar doldurun, çıtır çikolata parçacıkları ekleyin ve başka bir köpük tabakasıyla kaplayın.
ğ) Düzleştirin ve folyoyla kaplayarak dondurun.

KISA KABUK:
h) Pudra şekeri ve tereyağını krema kıvamına gelinceye kadar karıştırın.
ı) Öğütülmüş bademleri, tuzu ve unu ekleyin, ardından çırpılmış yumurtayla yoğurarak pürüzsüz bir hamur elde edin.
i) Hamuru tuğla haline getirin, streç filmle sarın ve 1 saat buzdolabında bekletin.
j) Fırını önceden 180°C'ye ısıtın.
k) Hamuru unlanmış bir yüzeyde 3 mm kalınlığa kadar açın ve birlikte verilen Fashion Eclairs kalıbındaki kesiciyi kullanarak on dar ve on geniş şerit kesin.
l) Şeritleri pişirme kağıdıyla kaplı bir fırın tepsisine yerleştirin ve altın rengi kahverengi olana kadar (yaklaşık 12 dakika) pişirin.
m) Çıtır kısa hamurlu hamur işi şeritlerini ertesi güne kadar metal bir bisküvi kutusunda saklayın.

Ganaj:
n) 65 g kremayı kaynatın ve ince kıyılmış çikolata kaplamasının (veya fıstıkların) üzerine dökün.

o) Bir dakika kadar bekletin ve ardından el blenderiyle emülsiyon haline getirin.
ö) Soğuk kremayı ekleyip iyice karıştırın.
p) Ganajın yüzeyini folyo ile örtün ve gece boyunca buzdolabında bekletin.

PARLAK SIR:
r) Jelatini ıslatın.
s) Bir tencerede şekeri, suyu ve glikoz şurubunu 103 santigrat dereceye getirin.
ş) Kremayı ve elenmiş kakaoyu ekleyip karıştırın.
t) Islatılmış jelatini sırın içinde eritin ve bir el blenderi ile karıştırın.
u) Sırları bir elekten geçirin, folyoyla örtün ve gece boyunca buzdolabında bekletin.

TOPLANTI:
ü) Çikolata sırını sıvılaşana kadar ısıtın.
v) Ekleri silikon kalıptan çıkarın ve bir tabağın üzerindeki rafa yerleştirin.
y) Çikolatalı ayna sırını eklerlerin üzerine tamamen kaplayacak şekilde dökün.
z) Kürdan kullanarak bunları geniş hamur işi şeritlerinin üzerine dikkatlice yerleştirin.
aa) Ganajı çırpın ve eklerlerin üzerine küçük noktalar sıkın.
bb) Çıtır incilerle süsleyin.
cc) Buz çözüldükten hemen sonra servis yapın.

2.Galaxy Ayna Sırlı Beyaz Çikolatalı Ekler

İÇİNDEKİLER:
ECLAIR KABUKLARI İÇİN:
- 150ml su
- 75 gr tuzsuz tereyağı
- ¼ çay kaşığı tuz
- 150 gr çok amaçlı un
- 4 büyük yumurta

GALAXY AYNA SIRASI İÇİN:
- 8 yaprak (16g) jelatin
- 200 gr beyaz çikolata, doğranmış
- 200 ml şekerli yoğunlaştırılmış süt
- 300 gr toz şeker
- 150ml su
- 150ml ağır krema
- Jel gıda boyası (mavi, mor, pembe ve siyah)

TALİMATLAR:
ECLAIR KABUKLARI İÇİN:

a) Fırınınızı önceden 200°C'ye (390°F) ısıtın ve fırın tepsisini parşömen kağıdıyla kaplayın.

b) Bir tencerede su, tereyağı ve tuzu birleştirin. Tereyağı eriyene ve karışım kaynayana kadar orta ateşte ısıtın.

c) Unu bir kerede ekleyin ve karışım bir top oluşturup tavanın kenarlarından çekilinceye kadar tahta bir kaşıkla kuvvetlice karıştırın. Bu yaklaşık 1-2 dakika sürmelidir.

ç) Hamuru bir karıştırma kabına aktarın ve birkaç dakika soğumaya bırakın.

d) Yumurtaları teker teker ekleyin ve her eklemeden sonra iyice karıştırın. Hamur pürüzsüz ve parlak olmalıdır.

e) Hamuru büyük yuvarlak uçlu sıkma torbasına aktarın.

f) Hazırlanan fırın tepsisine 4-5 inç uzunluğunda şeritler sıkın ve aralarında genleşme için yeterli boşluk bırakın.

g) Önceden ısıtılmış fırında 25-30 dakika veya eklerler kabarıp altın rengi kahverengi olana kadar pişirin.

ğ) Fırından çıkarın ve tel ızgara üzerinde tamamen soğumalarını bekleyin.

GALAXY AYNA SIRASI İÇİN:

h) Jelatin tabakalarını yumuşayana kadar soğuk suda bekletin.
ı) Isıya dayanıklı bir kaseye doğranmış beyaz çikolatayı ve şekerli yoğunlaştırılmış sütü koyun. Bir kenara koyun.
i) Bir tencerede toz şekeri, suyu ve kremayı birleştirin. Orta ateşte ısıtın, şeker tamamen eriyene ve karışım kaynama noktasına gelene kadar karıştırın.
j) Tencereyi ocaktan alın ve yumuşatılmış jelatin tabakalarını ekleyin. Jelatin tamamen eriyene kadar karıştırın.
k) Sıcak krema karışımını beyaz çikolata ve yoğunlaştırılmış sütün üzerine dökün. Çikolatanın erimesi için bir dakika bekletin, ardından pürüzsüz ve iyice birleşene kadar karıştırın.
l) Sırları birkaç kaseye bölün ve galaksi efekti yaratmak için her birini farklı jel gıda renkleriyle (mavi, mor, pembe ve siyah) renklendirin. Her kasedeki renkleri birbirine karıştırmak için bir kürdan kullanın.
m) Kullanmadan önce sırın yaklaşık 30-35°C'ye (86-95°F) kadar soğumasını bekleyin.

TOPLANTI:
n) Ekler soğuduktan sonra, küçük yuvarlak bir uç kullanarak her ekin alt kısmında üç delik açın.
o) Ekleri dolgu seçiminizle doldurun. Krem şanti, pasta kreması veya her ikisinin bir kombinasyonunu kullanabilirsiniz.
ö) Her bir pastanın üst kısmını galaksi aynası sırına batırın ve fazlalığın damlamasını sağlayın.
p) Sırlı eklerleri sabitlemek için bir tel rafın üzerine yerleştirin; sır aşağıya damlarken güzel bir galaksi efekti yaratacaktır.
r) Sırın tamamen ayarlanmasına izin verin.
s) Çarpıcı Galaxy Ayna Sırlı Beyaz Çikolatalı Eklerlerinizi servis edin ve tadını çıkarın!

3.Ayna Sırlı ve Kum Kırıntılı Renkli Eklerler

İÇİNDEKİLER:
CHOUX BÖREĞİ İÇİN :
- 8 ons su
- 4 ons tuzsuz tereyağı
- ½ çay kaşığı koşer tuzu
- 1 yemek kaşığı toz beyaz şeker
- 5 ons elenmiş ekmek unu
- 1 çay kaşığı isteğe bağlı vanilya özü
- 4 büyük yumurta
- Jel gıda boyası (çeşitli renklerde)

ECLAIR DOLUMU İÇİN(1 SEÇİN):
- 1 ½ porsiyon Vanilyalı Pasta Kreması
- 1 ½ porsiyon Çikolatalı Pasta Kreması

AYNA SIRASI İÇİN :
- 12 ons beyaz çikolata parçacıkları
- 6 ons ağır krema
- Jel gıda boyası (çeşitli renklerde)

KUM KIRINTILARI İÇİN:
- ½ bardak graham kraker kırıntısı
- 2 yemek kaşığı toz şeker
- 2 yemek kaşığı tuzsuz tereyağı (eritilmiş)

TALİMATLAR:
PASTA HAMURU:

a) Bir tencerede su, tereyağı, tuz ve şekeri birleştirin. Tereyağı eriyene ve karışım kaynayana kadar orta ateşte ısıtın.

b) Tencereyi ocaktan alın, elenmiş ekmek ununu ekleyin ve karışım pürüzsüz bir hamur topu oluşana kadar hızla karıştırın.

c) Hamurun biraz soğumasını bekleyin, ardından yumurtaları birer birer ekleyin ve her eklemeden sonra iyice karıştırın. Hamur pürüzsüz ve parlak olmalıdır.

ç) Kullanmak istediğiniz her renk için choux hamurunu ayrı kaselere bölün. Her kaseye birkaç damla jel gıda boyası ekleyin ve istediğiniz renkleri elde edene kadar karıştırın.

d) Fırınınızı 200°C'ye (400°F) önceden ısıtın. Bir fırın tepsisini parşömen kağıdıyla hizalayın.

e) Renkli choux hamurunu hazırlanan fırın tepsisindeki eklerlere sıkın. Bir pasta poşeti veya köşesi kesilmiş Ziploc poşet kullanabilirsiniz.
f) 200°C'de (400°F) 15 dakika pişirin, ardından sıcaklığı 180°C'ye (350°F) düşürün ve 20-25 dakika daha veya eklerler altın rengi kahverengi oluncaya ve kabarıncaya kadar pişirin. Pişirme sırasında fırını açmayın.

ECLAIR DOLGU:
g) Tercihinize göre Vanilyalı Pasta Kreması veya Çikolatalı Pasta Kremasını hazırlayın.

AYNA SIRASI:
ğ) Beyaz çikolata parçacıklarını ısıya dayanıklı bir kaseye yerleştirin.
h) Ağır kremayı bir tencerede kaynamaya başlayıncaya kadar ısıtın. Sıcak kremayı beyaz çikolata parçacıklarının üzerine dökün ve bir dakika bekletin. Çikolata tamamen eriyene ve karışım pürüzsüz hale gelinceye kadar karıştırın.
ı) Sırları ayrı kaselere bölün ve istediğiniz renkleri elde etmek için her kaseye jel gıda boyası ekleyin.

KUM KIRINTI:
i) Küçük bir kapta graham kraker kırıntılarını ve toz şekeri karıştırın.
j) Karışıma eritilmiş tuzsuz tereyağını ekleyin ve iyice birleşene kadar karıştırın.

TOPLANTI:
k) Eklerler soğuduktan sonra yatay olarak ikiye bölün.
l) Her ekleri seçtiğiniz pasta kreması dolgusu ile doldurun.
m) Her ekin üstünü renkli ayna sırına batırın ve fazlalığın damlamasını sağlayın.
n) Daha fazla doku ve dekorasyon için kum kırıntısı karışımını eklerlerin sırlı üst kısımlarına serpin.
o) Ayna sırının birkaç dakika donmasını bekleyin; Ayna Sırlı ve Kum Kırıntılı Renkli Eklerleriniz servise hazır!
ö) Lezzetli ve renkli eklerlerinizin tadını çıkarın!

4.Ayna Sırlı Beyaz Çikolatalı Eklerler

İÇİNDEKİLER:

İÇİN :
- 4 yumurta sarısı
- 380 gram tam yağlı süt (1 ¾ bardak)
- 100 gram şeker
- 2 yemek kaşığı mısır nişastası
- 2 yemek kaşığı çok amaçlı un
- 1 çay kaşığı vanilya özütü (veya 1 vanilya çubuğu)
- konyak veya rom sıçraması
- ½ su bardağı krema (çırpmak için)

CHOUX PASTA İÇİN:
- 120 gram tam yağlı süt (½ su bardağı)
- 120 gram su (½ su bardağı)
- 120 gram tereyağı (8½ yemek kaşığı tereyağı)
- 145 gram ekmek veya yüksek glutenli un (1 su bardağı)
- 6 gram tuz (0,2 ons, 1 seviye yemek kaşığı koşer tuzu)
- Yaklaşık 6 bütün büyük yumurta

GLAZÜR İÇİN:
- 200 gram beyaz çikolata
- İsteğe bağlı gıda boyası

TALİMATLAR:

HAZIRLAYIN :
a) Yumurta sarılarını şekerle birlikte hafif ve kabarık hale gelinceye kadar krema haline getirin.
b) Mısır nişastasını ve unu çırpın.
c) Sütü ve vanilyayı bir tencerede kaynamaya başlayıncaya kadar ısıtın.
ç) Sütün ⅓'ünü yumurta sarısının içine ekleyip yumuşatın. Karıştırın ve sütün ⅓'ünü daha ekleyin. Daha sonra son ⅓'ü ekleyin.
d) Sıvı sütü + yumurta sarısını tekrar tencereye alın ve krema koyulaşıncaya kadar ısıtın.
e) Tavadan alıp bir kaseye alın ve pastacı kremasını buz banyosunda veya buzdolabında soğutun.
f) Pastacı kreması soğurken, ağır kremayı sert zirvelere kadar çırpın. Pastacı kreması soğuduğunda, çırpılmış kremanın

yarısını birleşene kadar katlayın. Daha sonra kalan yarıyı katlayın.

CHOUX'U HAZIRLAYIN:
g) Sütü, suyu, tuzu ve tereyağını buharlaşana kadar ısıtın.
ğ) Unun tamamını bir kerede ekleyin ve tüm malzemeleri bir araya getirmek için karıştırın. Fazla nemin dışarı çıkması için yaklaşık 1 dakika pişirmeye devam edin.
h) Bu hamuru bir kaseye aktarın. Yumurtaları eklemeden önce soğuması için birkaç dakika bekleyin.
ı) Teker teker çalışarak, her yumurtayı hamura ekleyin ve tamamen karışana kadar çırpın. Hamur ipeksi bir kıvama gelip kaşıktan ağırlığının altına düştüğünde kaseden alıp sıkma torbasına koyun.
i) Tavanıza silikon mat veya parşömen kağıdı kullanarak 15 cm (6 inç) şeritler sıkın. Pişme sırasında kabaracakları için ince tutun.
j) Choux eşit derecede kahverengi ve hafif gevrek oluncaya kadar yaklaşık 30-35 dakika 360°F (182°C) sıcaklıkta pişirin. Soğutmak için bunları bir soğutma rafına yerleştirin.

SIRAYI HAZIRLAYIN :
k) Beyaz çikolatayı benmari veya mikrodalga kullanarak 30 saniyelik aralıklarla eritin. Çikolatanın temperlenmesi burada gerekli değildir. Sırlanmaya hazır olana kadar sıcak tutun.
l) Choux'yu doldurun:
m) Bir kürdan kullanarak eklerlerin üst kısmına zıt uçlardan iki delik açın.
n) Ucu yerleştirin ve pastacı kremasının diğer tarafa ulaştığını görene kadar yavaşça sıkın. Kenarları fazlalıklardan temizleyin.
o) ECLAIRS'i Sırlayın ve Bitirin :
ö) Doldurulmuş her pastayı üst yarıyı tamamen kaplayacak şekilde sırın içine batırın. Kusurları temizlemek için parmağınızı kullanın.
p) Çizgili bir etki için eritilmiş çikolatanın üzerine hızlıca sıkın.
r) Doldurduktan kısa bir süre sonra içindeki muhallebi lezzetinin tadını çıkarın. Buzdolabında birkaç gün dayanacak olsalar da yumuşak ve ıslak olacaklar.

5.Pembe Ayna Sırlı Eklerler

İÇİNDEKİLER:
CHOUX BÖREĞİ İÇİN :
- 8 ons su
- 4 ons tuzsuz tereyağı
- ½ çay kaşığı koşer tuzu
- 1 yemek kaşığı toz beyaz şeker
- 5 ons elenmiş ekmek unu (veya çok amaçlı un)
- 1 çay kaşığı vanilya özü
- 8 ons yumurta (yaklaşık 4 büyük yumurta)
- Pembe jel gıda boyası

ECLAIR DOLGUSU İÇİN:
- Vanilyalı pasta kreması (önceden hazırlanmış bir karışım kullanabilirsiniz)

PEMBE AYNA SIRASI İÇİN:
- 12 ons beyaz çikolata parçacıkları
- 6 ons ağır krema
- Pembe jel gıda boyası

DEKORASYON İÇİN:
- Hindistan cevizi talaşı
- Taze ahududu

TALİMATLAR:
HAZIRLAYIN :
a) Bir tencerede su, tuzsuz tereyağı, koşer tuzu ve toz beyaz şekeri birleştirin. Karışım kaynayana ve tereyağı tamamen eriyene kadar orta-yüksek ateşte ısıtın.

b) Isıyı en aza indirin ve elenmiş ekmek ununu (veya çok amaçlı unu) bir kerede ekleyin. Hamur bir top oluşturup tavanın kenarlarından çekilinceye kadar tahta bir kaşıkla kuvvetlice karıştırın.

c) Ateşten alın ve birkaç dakika soğumaya bırakın.

ç) Yumurtaları teker teker ekleyin ve her eklemeden sonra iyice karıştırın. Bir sonrakini eklemeden önce her yumurtanın tamamen dahil edildiğinden emin olun.

d) İstenilen pembe rengi elde etmek için vanilya ekstraktını ve birkaç damla pembe jel gıda boyasını karıştırın.

BORU VE EKLERLERİ PİŞİRİN :

e) Fırınınızı önceden 375°F'ye (190°C) ısıtın ve fırın tepsisini parşömen kağıdıyla kaplayın.
f) Choux böreği hamurunu, büyük yuvarlak uçlu bir sıkma torbasına aktarın.
g) Ekleri parşömen kağıdına sıkın ve aralarında biraz boşluk bırakın.
ğ) Önceden ısıtılmış fırında yaklaşık 25-30 dakika veya eklerler altın rengi kahverengi ve kabarıncaya kadar pişirin.
h) Fırından çıkarın ve tamamen soğumalarını bekleyin.

DOLDURUN :

ı) Eklerler soğuduktan sonra yatay olarak dilimleyin.
i) Her bir ekleri bir sıkma torbası veya kaşık kullanarak vanilyalı pasta kremasıyla doldurun.

PEMBE AYNA SIRASINI HAZIRLAYIN:

j) Mikrodalgaya dayanıklı bir kapta beyaz çikolata parçacıklarını ve kremayı birleştirin. Karışım pürüzsüz hale gelinceye ve çikolata tamamen eriyene kadar her aralıktan sonra karıştırarak 30 saniyelik aralıklarla mikrodalgada ısıtın.
k) İstediğiniz pembe tonunu elde edene kadar pembe jel gıda boyasını karıştırın.

SIRLAYIN :

l) Her bir pastanın üst kısmını pembe ayna sırına batırın, fazla sırın damlamasını sağlayın.
m) Sırlı eklerleri ayarlamak için tel rafın üzerine yerleştirin.
n) Sır hala biraz yapışkan iken eklerlerin üzerine hindistancevizi talaşı serpin.
o) Her eklerin üzerine taze bir ahududu koyun.
ö) Servis yapmadan önce sırın tamamen sertleşmesini bekleyin. Pembe Ayna Sırıyla lezzetli Eklerlerinizin tadını çıkarın!

6.Çikolatalı Fındıklı Ayna Sırlı Eklerler

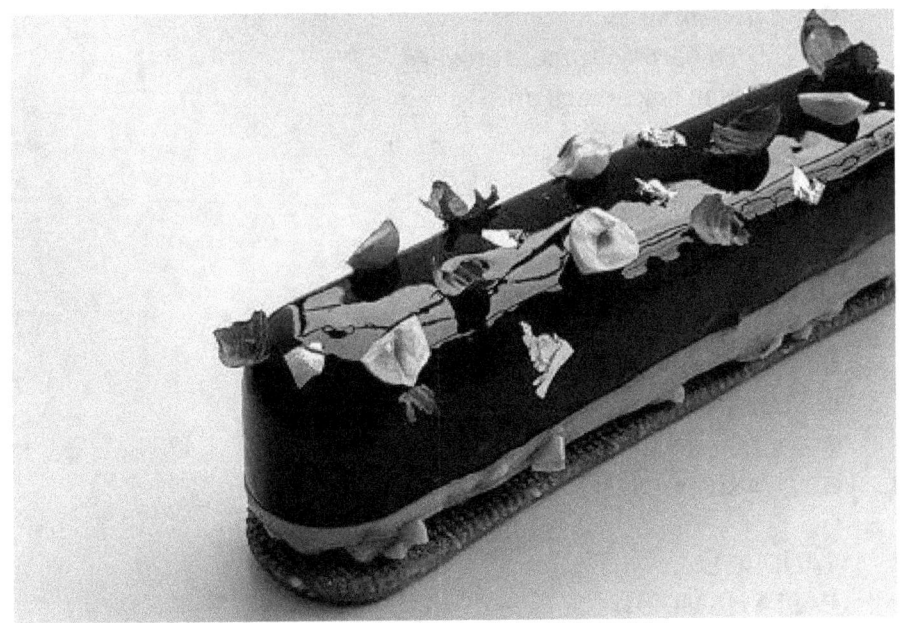

İÇİNDEKİLER:
CHOUX PASTA İÇİN:
- 1 bardak su
- 1/2 su bardağı tuzsuz tereyağı
- 1 fincan çok amaçlı un
- 4 büyük yumurta

DOLGU İÇİN:
- 2 su bardağı pasta kreması
- 1/2 bardak Nutella

ÇİKOLATA FINDIK AYNA SIRASI İÇİN :
- 1/2 su bardağı su
- 1 su bardağı toz şeker
- 1/2 su bardağı şekerli yoğunlaştırılmış süt
- 1 1/2 su bardağı bitter çikolata, doğranmış
- 1/4 su bardağı kıyılmış fındık (garnitür için)

TALİMATLAR:
PASTA HAMURU:
a) Bir tencerede su ve tereyağını birleştirin. Kaynatın.
b) Unu ekleyin ve karışım bir top oluşana kadar kuvvetlice karıştırın. Ateşten alın.
c) Hamurun biraz soğumasını bekleyin, ardından yumurtaları birer birer ekleyin ve her eklemeden sonra iyice karıştırın.
ç) Hamuru sıkma torbasına aktarın ve eklerleri fırın tepsisine sıkın.
d) Önceden ısıtılmış 190°C (375°F) fırında 25-30 dakika veya altın rengi kahverengi olana kadar pişirin.

DOLGU:
e) Eklerler soğuduktan sonra yatay olarak ikiye bölün.
f) Nutella'yı pastacı kremasına iyice birleşene kadar karıştırın.
g) Her bir pastayı sıkma torbası veya kaşık yardımıyla çikolatalı fındık dolgusu ile doldurun.

ÇİKOLATA FINDIK AYNA SIRASI:
ğ) Bir tencerede su, şeker ve şekerli yoğunlaştırılmış sütü birleştirin. Kaynamaya getirin.
h) Ateşten alıp bitter çikolatayı ekleyin. Pürüzsüz olana kadar karıştırın.

ı) Sırın 32-35°C'ye (90-95°F) soğumasını bekleyin.

TOPLANTI:
i) Fazla sırın yakalanması için fırın tepsisinin üzerine tel raf yerleştirin.
j) Her bir eklerin üstünü çikolatalı fındık ayna sırına batırın ve eşit bir kaplama sağlayın.
k) Fazla sırın akmasını bekleyin, ardından eklerleri tel rafa aktarın.
l) Süslemek için üzerine kıyılmış fındık serpin.
m) Servis yapmadan önce sırın yaklaşık 15 dakika beklemesine izin verin.
n) Hoşgörülü Çikolatalı Fındıklı Ayna Sırlı Eklerlerinizin tadını çıkarın!

7.Ahududu Limonlu Ayna Sırlı Eklerler

İÇİNDEKİLER:

CHOUX PASTA İÇİN:
- 1 bardak su
- 1/2 su bardağı tuzsuz tereyağı
- 1 fincan çok amaçlı un
- 4 büyük yumurta

DOLGU İÇİN:
- 2 su bardağı pasta kreması
- 1 su bardağı taze ahududu
- 1 limon kabuğu rendesi ve

AHUDUDU LİMONLU AYNA SIRASI İÇİN:
- 1/2 su bardağı su
- 1 su bardağı toz şeker
- 1/2 su bardağı şekerli yoğunlaştırılmış süt
- 1 1/2 bardak beyaz çikolata, doğranmış
- 1 limon kabuğu rendesi ve
- 1/2 bardak taze ahududu (garnitür için)

TALİMATLAR:

PASTA HAMURU:
a) Bir tencerede su ve tereyağını birleştirin. Kaynatın.
b) Unu ekleyin ve karışım bir top oluşana kadar kuvvetlice karıştırın. Ateşten alın.
c) Hamurun biraz soğumasını bekleyin, ardından yumurtaları birer birer ekleyin ve her eklemeden sonra iyice karıştırın.
ç) Hamuru sıkma torbasına aktarın ve eklerleri fırın tepsisine sıkın.
d) Önceden ısıtılmış 190°C (375°F) fırında 25-30 dakika veya altın rengi kahverengi olana kadar pişirin.

DOLGU:
e) Eklerler soğuduktan sonra yatay olarak ikiye bölün.
f) Taze ahududu ve limon kabuğu rendesini iyice birleşene kadar pasta kremasına karıştırın.
g) Her bir ekleri bir sıkma torbası veya kaşık kullanarak ahududu limonlu dolguyla doldurun.

AHUDUDU LİMON AYNA SIRASI:
ğ) Bir tencerede su, şeker ve şekerli yoğunlaştırılmış sütü birleştirin. Kaynamaya getirin.
h) Ocaktan alıp beyaz çikolatayı ekleyin. Pürüzsüz olana kadar karıştırın.
ı) Sırlara limon kabuğu rendesi ekleyin ve iyice karıştırın.
i) Sırın 32-35°C'ye (90-95°F) soğumasını bekleyin.

TOPLANTI:
j) Fazla sırın yakalanması için fırın tepsisinin üzerine tel raf yerleştirin.
k) Her bir eklerin üstünü ahududu limonlu ayna sırına batırın ve eşit bir kaplama sağlayın.
l) Fazla sırın akmasını bekleyin, ardından eklerleri tel rafa aktarın.
m) Garnitür olarak her ekin üzerine taze bir ahududu koyun.
n) Servis yapmadan önce sırın yaklaşık 15 dakika beklemesine izin verin.

8.Kahve Karamel Ayna Sırlı Eklerler

İÇİNDEKİLER:
CHOUX PASTA İÇİN:
- 1 bardak su
- 1/2 su bardağı tuzsuz tereyağı
- 1 fincan çok amaçlı un
- 4 büyük yumurta

DOLGU İÇİN:
- 2 su bardağı pasta kreması
- 2 yemek kaşığı hazır kahve
- 1/2 su bardağı karamel sosu

KAHVE KARAMELİ AYNA SIRASI İÇİN:
- 1/2 su bardağı su
- 1 su bardağı toz şeker
- 1/2 su bardağı şekerli yoğunlaştırılmış süt
- 1 1/2 su bardağı bitter çikolata, doğranmış
- 2 yemek kaşığı hazır kahve

TALİMATLAR:
PASTA HAMURU:
a) Bir tencerede su ve tereyağını birleştirin. Kaynatın.
b) Unu ekleyin ve karışım bir top oluşana kadar kuvvetlice karıştırın. Ateşten alın.
c) Hamurun biraz soğumasını bekleyin, ardından yumurtaları birer birer ekleyin ve her eklemeden sonra iyice karıştırın.
ç) Hamuru sıkma torbasına aktarın ve eklerleri fırın tepsisine sıkın.
d) Önceden ısıtılmış 190°C (375°F) fırında 25-30 dakika veya altın rengi kahverengi olana kadar pişirin.

DOLGU:
e) Eklerler soğuduktan sonra yatay olarak ikiye bölün.
f) Hazır kahveyi az miktarda sıcak suda eritin. Pastacı kremasına karıştırın.
g) İyice birleşene kadar karamel sosunu kahve aromalı pastacı kremasına ekleyin.
ğ) Her bir pastayı bir sıkma torbası veya kaşık kullanarak kahveli karamel dolgusu ile doldurun.

KAHVE KARAMEL AYNA SIRASI:
h) Bir tencerede su, şeker ve şekerli yoğunlaştırılmış sütü birleştirin. Kaynamaya getirin.
ı) Ocaktan alıp bitter çikolatayı ve hazır kahveyi ekleyin. Pürüzsüz olana kadar karıştırın.
i) Sırın 32-35°C'ye (90-95°F) soğumasını bekleyin.

TOPLANTI:
j) Fazla sırın yakalanması için fırın tepsisinin üzerine tel raf yerleştirin.
k) Her bir pastanın üstünü kahve karamelli ayna sırına batırın ve eşit bir kaplama sağlayın.
l) Fazla sırın akmasını bekleyin, ardından eklerleri tel rafa aktarın.
m) Servis yapmadan önce sırın yaklaşık 15 dakika beklemesine izin verin.
n) Lezzetli Kahve Karamelli Ayna Sırlı Eklerlerinizin tadını çıkarın!

9.Matcha Beyaz Çikolatalı Ayna Sırlı Eklerler

İÇİNDEKİLER:
CHOUX PASTA İÇİN:
- 1 bardak su
- 1/2 su bardağı tuzsuz tereyağı
- 1 fincan çok amaçlı un
- 4 büyük yumurta

DOLGU İÇİN:
- 2 su bardağı pasta kreması
- 2 çay kaşığı matcha tozu

MATCHA BEYAZ ÇİKOLATA AYNA SIRASI İÇİN:
- 1/2 su bardağı su
- 1 su bardağı toz şeker
- 1/2 su bardağı şekerli yoğunlaştırılmış süt
- 1 1/2 bardak beyaz çikolata, doğranmış
- 2 çay kaşığı matcha tozu

TALİMATLAR:
PASTA HAMURU:
a) Bir tencerede su ve tereyağını birleştirin. Kaynatın.
b) Unu ekleyin ve karışım bir top oluşana kadar kuvvetlice karıştırın. Ateşten alın.
c) Hamurun biraz soğumasını bekleyin, ardından yumurtaları birer birer ekleyin ve her eklemeden sonra iyice karıştırın.
ç) Hamuru sıkma torbasına aktarın ve eklerleri fırın tepsisine sıkın.
d) Önceden ısıtılmış 190°C (375°F) fırında 25-30 dakika veya altın rengi kahverengi olana kadar pişirin.

DOLGU:
e) Eklerler soğuduktan sonra yatay olarak ikiye bölün.
f) Matcha tozunu pasta kremasına iyice birleşene kadar karıştırın.
g) Her bir ekleri bir sıkma torbası veya kaşık kullanarak matcha aromalı dolguyla doldurun.

MATCHA BEYAZ ÇİKOLATA AYNA SIRASI:
ğ) Bir tencerede su, şeker ve şekerli yoğunlaştırılmış sütü birleştirin. Kaynamaya getirin.
h) Ocaktan alıp beyaz çikolata ve matcha tozunu ekleyin. Pürüzsüz olana kadar karıştırın.

ı) Sırın 32-35°C'ye (90-95°F) soğumasını bekleyin.

TOPLANTI:

i) Fazla sırın yakalanması için fırın tepsisinin üzerine tel raf yerleştirin.
j) Her bir pastanın üstünü matcha beyaz çikolata ayna sırına batırın ve eşit bir kaplama sağlayın.
k) Fazla sırın akmasını bekleyin, ardından eklerleri tel rafa aktarın.
l) Servis yapmadan önce sırın yaklaşık 15 dakika beklemesine izin verin.

ÇİKOLATALI EKLER

10.Karamelli Çikolatalı Eklerler

İÇİNDEKİLER:
- 12 adet Eclair kabuğu, doldurulmamış
- 2 su bardağı Karamelli pasta kreması, soğutulmuş
- 1 su bardağı çikolatalı ganaj, oda sıcaklığında

TALİMATLAR:
a) Küçük bir soyma bıçağı kullanarak her ekin her iki ucunda küçük bir delik açın.
b) Küçük düz uçlu bir pasta poşetini soğutulmuş karamelli pasta kremasıyla doldurun.
c) Ucu bir pastanın bir deliğine sokun ve doldurmak için yavaşça sıkın. İşlemi diğer delik için de tekrarlayın.
ç) Hepsi lezzetli karamelli pasta kremasıyla dolana kadar her eki doldurmaya devam edin.
d) Her bir pastayı oda sıcaklığındaki çikolatalı ganajla eşit şekilde kaplamak için küçük bir spatula kullanın.
e) Bu nefis karamelli çikolatalı eklerleri servis etmeden önce ganajın soğumasını bekleyin.

11.Muhallebi Dolgulu Çikolatalı Eklerler

İÇİNDEKİLER:

EKLER:
- 1 bardak su
- 1/2 bardak tereyağı
- 1/4 çay kaşığı tuz
- 1 su bardağı un
- 4 büyük yumurta

MUHALLEBİ DOLGU:
- 3 bardak süt
- 1/2 su bardağı şeker
- 3 yemek kaşığı mısır nişastası
- 4 yumurta sarısı
- 2 çay kaşığı vanilya özü

ÇİKOLATA SOSU:
- 12 ons yarı tatlı çikolata parçacıkları
- 1/4 bardak kısaltma
- 1/4 bardak hafif mısır şurubu
- 6 yemek kaşığı süt

TALİMATLAR:

MUHALLEBİ DOLGU:

a) Orta boy bir tencerede sütü kenarlarında kabarcıklar oluşana kadar yavaşça ısıtın.

b) Küçük bir kapta şekeri ve mısır nişastasını iyice karıştırarak birleştirin. Karışımı sıcak sütün içine bir kerede karıştırın.

c) Karışım kaynayana kadar orta ateşte karıştırarak pişirin. Isıyı azaltın ve 1 dakika pişirin.

ç) Karışımın az bir kısmını yumurta sarılarına çırpın. Tekrar tencereye alıp orta ateşte karıştırarak koyulaşana kadar pişirin.

d) Vanilyayı karıştırın. Kabuk oluşumunu önlemek için yüzeye mumlu kağıt yerleştirin. Kullanıma hazır olana kadar buzdolabında saklayın. 12 ekleri doldurmaya yetecek kadar 3 bardak yapar.

ÇİKOLATA SOSU:

e) Sıcak (kaynamayan) su üzerinde çiftli kazanın tepesinde, çikolatayı katı yağla birlikte eritin.

f) Mısır şurubu ve sütü ekleyin. Pürüzsüz ve iyice karışana kadar karıştırın. Biraz soğumaya bırakın.
g) Sırları eklerlerin üzerine yayın. 12 eklerleri sırlamaya yetecek kadar 2 bardak yapar.

EKLER:

ğ) Fırını 400°F'ye önceden ısıtın.
h) Su, tereyağı ve tuzu kaynatın. Ateşten alın ve unu ilave ederek karıştırın.
ı) Karışım tavanın kenarlarından çıkana kadar kısık ateşte çırpın.
i) Ateşten alın ve karışım parlak, satensi olana ve şeritler halinde kırılıncaya kadar yumurtaları birer birer çırpın.
j) Hamuru yağlanmamış bir tabaka üzerine üç inç aralıklarla bırakın ve her biri 4 x 1 inç olan 12 şerit oluşturun.
k) Dokunduğunuzda içi boş bir ses çıkana kadar 35 ila 40 dakika pişirin. Taslaklardan uzak durun.
l) Eklerlerin üst kısımlarını kesin ve muhallebi ile doldurun.
m) Üstlerine çikolata sosu sürün, soğutun ve servis yapın.
n) Lezzetli Muhallebi Dolgulu bu çökmekte olan Çikolatalı Eklerlerin tadını çıkarın!

12.Çikolatalı Grand Marnier Eklerleri

İÇİNDEKİLER:

EKLER HAMUR:
- 3 büyük yumurta, oda sıcaklığında
- 2/3 bardak su
- 5 yemek kaşığı tuzsuz tereyağı, 1/2-inç küpler halinde kesilmiş
- 1/8 çay kaşığı tuz
- 2/3 su bardağı elenmiş çok amaçlı un
- 1/2 çay kaşığı portakal kabuğu rendesi

ÇİKOLATA GRAND MARNIER DOLGU:
- 3 ons yarı tatlı çikolata, iri kıyılmış
- 3 yemek kaşığı su
- 2 yemek kaşığı Grand Marnier
- 2 yemek kaşığı soğuk su
- 1 1/2 çay kaşığı aromasız toz jelatin
- 1 bardak ağır krema
- 1 yemek kaşığı portakal suyu
- 1/2 su bardağı şekerleme şekeri

TURUNCU SIR:
- 1 yemek kaşığı portakal suyu
- 1/4 su bardağı şekerleme şekeri

TALİMATLAR:

EKLER HAMUR:

a) Fırını önceden 425 derece F'ye ısıtın. İki fırın tepsisini parşömen kağıdıyla kaplayın.

b) Bir cam ölçüm kabında yumurtaları karışana kadar karıştırın. Küçük bir bardağa 2 yemek kaşığı çırpılmış yumurta ayırın.

c) Orta ağır bir tencerede su, tereyağı ve tuzu birleştirin. Tereyağı eriyene kadar orta ateşte ısıtın.

ç) Isıyı orta-yüksek seviyeye yükseltin ve karışımı kaynatın. Ateşten alın.

d) Tel çırpıcı kullanarak un ve portakal kabuğu rendesini ekleyip karıştırın. Pürüzsüz olana kadar kuvvetlice çırpın.

e) Tavayı tekrar ateşe verin, tahta kaşıkla sürekli karıştırarak pişirin. Macun çok pürüzsüz bir top oluşturana kadar 30 ila 60 saniye pişirin.

f) Macunu büyük bir kaseye aktarın. Ayrılmış 1/2 bardak çırpılmış yumurtayı hamurun üzerine dökün ve karışım pürüzsüz, yumuşak bir hamur oluşana kadar tahta bir kaşıkla kuvvetlice çırpın.

EKLERLERİN PİŞİRİLMESİ:
g) Pasta hamuruyla 5/6 inç düz uçlu bir hamur torbası doldurun. Hazırlanan fırın tepsilerine yaklaşık 1/2 inç genişliğinde 5 inçlik şeritler sıkın ve ekler arasında yaklaşık 1 1/2 inç bırakın.

ğ) Parmağınızı kalan çırpılmış yumurtanın bir kısmına batırın ve borulardan kalan "kuyrukları" yavaşça düzeltin. Eklerlerin üst kısımlarını hafifçe daha fazla yumurta ile fırçalayın.

h) Ekleri birer birer fırın tepsisine gelecek şekilde 10 dakika pişirin. Fırın kapısını tahta bir kaşığın sapıyla yaklaşık 2 inç kadar açın.

ı) Fırın sıcaklığını 375 derece F'ye düşürün ve fırın kapağını kapatın. Ekleri gevrekleşene kadar 20 ila 25 dakika pişirmeye devam edin.

i) Eklerleri tel rafa aktarın ve tamamen soğutun.

ÇİKOLATA GRAND MARNIER DOLGU:
j) Çikolatayı, Çikolata Eritme İpuçlarına göre su ve Grand Marnier ile eritin.

k) Küçük bir tencerede jelatini soğuk suyun üzerine serpin ve yumuşaması için 5 dakika bekletin.

l) Tencereyi kısık ateşte yerleştirin, jelatin tamamen eriyene ve karışım berraklaşana kadar sürekli karıştırarak 2 ila 3 dakika pişirin. Ilıklaşana kadar soğumasına izin verin.

m) Soğutulmuş bir karıştırıcı kabında, ağır kremayı düşük hızda çırpın. Çırpmaya devam ederken yavaş yavaş soğutulmuş jelatin karışımını yavaş yavaş ekleyin.

n) Mikseri durdurun, kasenin kenarını kazıyın ve soğutulmuş eritilmiş çikolata karışımını ekleyin. Krema topaklanmaya başlayıncaya kadar çırpmaya devam edin. Fazla çırpmayın.

o) Dolguyu plastik ambalajla örtün ve 30 dakika soğutun.

TURUNCU SIR:
ö) Küçük bir kapta portakal suyunu ve şekerleme şekerini pürüzsüz hale gelinceye kadar çırpın.

EKLERLERİ BİRLEŞTİRİN VE SIRLAYIN:

p) Eklerin her iki ucuna şişle birer delik açın.
r) Grand Marnier dolgusu ile 1/6 inçlik düz uçlu bir pasta poşetini doldurun. Ucu, pastanın her iki ucundaki deliğe sokun ve dolguyla doldurun.
s) Her bir pastanın üstüne portakal sosunu gezdirin.
ş) İstenirse portakal kabuğu şeritleriyle süsleyin.
t) Bu enfes Çikolatalı Grand Marnier Eklerlerinin tadını çıkarın!

13.Dondurulmuş Çikolatalı Nane Eklerleri

İÇİNDEKİLER:
EKLER HAMUR:
- 3 büyük yumurta, oda sıcaklığında
- 1/2 su bardağı su
- 4 1/2 yemek kaşığı tuzsuz tereyağı, 1/2-inç küpler halinde kesilmiş
- 1 1/2 yemek kaşığı toz şeker
- 1/2 çay kaşığı nane özü
- 3/4 su bardağı elenmiş çok amaçlı un
- 3 yemek kaşığı elenmiş şekersiz alkalize kakao tozu

DONDURULMUŞ NANE DOLGUSU:
- 8 ons krem peynir, yumuşatılmış
- 3/4 su bardağı şekerli yoğunlaştırılmış süt
- 2 yemek kaşığı beyaz creme de menthe
- 4 ons nane aromalı yarı tatlı çikolata, ince doğranmış

ÇİKOLATA NANE SOSU:
- 6 ons nane aromalı yarı tatlı çikolata, ince doğranmış
- 2/3 bardak ağır krema
- 2 yemek kaşığı hafif mısır şurubu
- 2 çay kaşığı vanilya özü

GARNİTÜR:
- Taze nane

TALİMATLAR:
EKLER HAMUR:
a) Fırını önceden 425 derece F'ye ısıtın. İki fırın tepsisini pişirme parşömeniyle kaplayın.
b) Bir cam ölçüm kabında yumurtaları karışana kadar karıştırın. Küçük bir bardağa 2 yemek kaşığı çırpılmış yumurta ayırın.
c) Orta ağır bir tencerede su, tereyağı ve şekeri birleştirin. Tereyağı eriyene kadar orta ateşte ısıtın.
ç) Isıyı orta-yüksek seviyeye yükseltin ve karışımı kaynatın. Ateşten alın.
d) Nane ekstraktını karıştırın. Tel çırpıcı kullanarak un ve kakaoyu ekleyip karıştırın. Karışım pürüzsüz hale gelinceye ve tavanın kenarlarından çekilinceye kadar kuvvetlice çırpın.
e) Tavayı tekrar ateşe verin, tahta kaşıkla sürekli karıştırarak pişirin. Macun çok pürüzsüz bir top oluşturana kadar 30 ila 60 saniye pişirin.
f) Macunu büyük bir kaseye aktarın. 1/2 bardak çırpılmış yumurtayı hamurun üzerine dökün ve karışım pürüzsüz, yumuşak bir hamur oluşana kadar tahta bir kaşıkla 45 ila 60 saniye kuvvetlice çırpın.
g) Pasta hamuruyla 5/6 inç düz uçlu bir hamur torbası doldurun. Hazırlanan fırın tepsilerine yaklaşık 1/2 inç genişliğinde 5 inçlik şeritler sıkın ve ekler arasında yaklaşık 1 1/2 inç bırakın.
ğ) Kalan çırpılmış yumurtayı eklerlerin üstlerine hafifçe fırçalayın.
h) Eklerleri 10 dakika pişirin, ardından fırın sıcaklığını 375 F'ye düşürün. Çıtır çıtır ve parlak oluncaya kadar 20 ila 25 dakika pişirmeye devam edin. Tel rafa aktarın ve tamamen soğutun.

DONDURULMUŞ NANE DOLGUSU:
ı) Büyük bir kapta, krem peynirini pürüzsüz hale gelinceye kadar çırpmak için orta hızda elde tutulan bir elektrikli karıştırıcı kullanın.
i) Şekerli yoğunlaştırılmış süt ve likörü ekleyin. Pürüzsüz olana kadar çırpın.
j) Kıyılmış çikolatayı katlayın.
k) Dolgunun yüzeyini plastik ambalajla örtün ve sertleşene kadar yaklaşık 4 saat dondurun.

ÇİKOLATA NANE SOSU:
l) Çikolatayı orta boy bir kaseye yerleştirin.
m) Küçük, ağır bir tencerede kremayı ve mısır şurubunu hafif bir kaynamaya getirin.
n) Sıcak krema karışımını çikolatanın üzerine dökün. Çikolatanın erimesi için 30 saniye bekletin.
o) Pürüzsüz olana kadar yavaşça çırpın.
ö) Vanilyayı karıştırın.

ECLAIRS'I MONTE EDİN:
p) Ekleri ikiye bölün ve nemli hamurları çıkarın.
r) Her bir ekler yarısına dondurulmuş dolgudan 3 yemek kaşığı koyun.
s) Eklerin üst kısmını değiştirin.
ş) Sıcak çikolatalı nane sosunu servis tabağına dökün.
t) Üzerine bir ekler koyun ve üzerine biraz daha sos gezdirin.
u) Taze nane ile süsleyin.

14. Mini Çikolatalı Ekler

İÇİNDEKİLER:
CHOUX PASTA İÇİN:
- 150 ml (yaklaşık 5 ons) su
- 60 gr (yaklaşık 2 ons) tereyağı
- 75 gr (yaklaşık 2,5 ons) sade un
- 2 büyük yumurta

DOLGU İÇİN:
- 200 ml (yaklaşık 7 ons) krem şanti
- Çikolatalı ganaj (eritilmiş çikolata ve kremadan yapılır)

TALİMATLAR:
a) Fırınınızı önceden 200°C'ye (390°F) ısıtın. Bir fırın tepsisini parşömen kağıdıyla hizalayın.
b) Bir tencerede su ve tereyağını, tereyağı eriyene kadar ısıtın. Ateşten alıp unu ekleyin. Bir hamur topu oluşana kadar kuvvetlice karıştırın.
c) Hamurun hafifçe soğumasını bekleyin, ardından yumurtaları teker teker ekleyerek karışım pürüzsüz ve parlak hale gelinceye kadar çırpın.
ç) Choux hamurunu fırın tepsisine küçük ekler şeklinde kaşıkla veya pipetle dökün.
d) Yaklaşık 15-20 dakika veya kabarıp altın rengi oluncaya kadar pişirin.
e) Soğuduktan sonra her bir ekleri yatay olarak ikiye bölün. Krem şanti ile doldurun ve çikolatalı ganajı gezdirin.

15.Jello Vanilyalı Puding Eklerler

İÇİNDEKİLER:
- 1 paket (3¼ ons) jello vanilyalı puding ve pasta dolgusu
- 1½ su bardağı süt
- ½ fincan hazırlanmış rüya kırbaç/çırpılmış tepesi
- 6 yemek kaşığı tereyağı
- ¾ bardak su
- ¾ bardak elenmiş un (çok amaçlı)
- 3 yumurta
- 2 kare şekersiz çikolata
- 2 yemek kaşığı tereyağı
- 1½ su bardağı elenmemiş şeker
- Bir tutam tuz
- 3 yemek kaşığı süt

TALİMATLAR:
DOLUMU YAPIN :
a) Puding karışımını paketin üzerindeki tarife göre pişirin. Sütü 1½ bardağa düşürün.
b) Yüzeyi yağlı kağıtla örtün.
c) 1 saat soğutun. Pudingi pürüzsüz olana kadar çırpın.
ç) Hazırlanan tepeye katlayın.

KABUKLAR YAPIN:
d) 6 yemek kaşığı tereyağını ve suyu bir tencerede kaynatın. Duymayı azaltın. Unu hızla karıştırın. Karışım tavanın kenarlarından çıkana kadar yaklaşık 2 dakika pişirin ve karıştırın. Ateşten alın.
e) Yumurtaları birer birer çırpın. Saten kıvamına gelinceye kadar iyice çırpın. Yağlanmamış bir fırın tepsisine bir kaşıkla 5 x 1 inçlik hamur şeritleri oluşturun, 425 derece F'de 20 dakika, ardından 350 derecede 30 dakika pişirin.

MONTAJLAMA
f) Kabukların üst kısımlarını kesin. Her birini pudingle doldurun. Üstleri değiştirin

SIRLAMA YAPIN
g) Çikolatayı 2 yemek kaşığı tereyağı ile kısık ateşte eritin.
ğ) Ateşten alıp şekeri, tuzu ve 3 yemek kaşığı sütü ekleyip karıştırıp hemen eklerlerin üzerine yayın.

16.Kurabiyeler ve Kremalı Eklerler

İÇİNDEKİLER:
CHOUX PASTA İÇİN:
- 1 bardak su
- 1/2 su bardağı tuzsuz tereyağı
- 1 fincan çok amaçlı un
- 1/2 çay kaşığı tuz
- 1 yemek kaşığı şeker
- 4 büyük yumurta

KURABİYE VE KREMA DOLGUSU İÇİN:
- 1 1/2 bardak ağır krema
- 1/4 su bardağı pudra şekeri
- 1 çay kaşığı vanilya özü
- 10 çikolatalı sandviç kurabiye, ezilmiş

ÇİKOLATA GANAŞI İÇİN:
- 1 su bardağı yarı tatlı çikolata parçacıkları
- 1/2 bardak ağır krema
- 2 yemek kaşığı tuzsuz tereyağı

TALİMATLAR:
PASTA HAMURU:
a) Fırınınızı 220°C'ye (425°F) önceden ısıtın. Bir fırın tepsisini parşömen kağıdıyla hizalayın.
b) Orta ateşteki bir tencerede su, tereyağı, tuz ve şekeri birleştirin. Kaynatın.
c) Ateşten alın ve bir hamur oluşuncaya kadar unu hızla karıştırın.
ç) Tavayı tekrar kısık ateşe alın ve hamurun kuruması için sürekli karıştırarak 1-2 dakika pişirin.
d) Hamuru geniş bir karıştırma kabına aktarın. Birkaç dakika soğumaya bırakın.
e) Yumurtaları teker teker ekleyin, her eklemeden sonra hamur pürüzsüz ve parlak oluncaya kadar iyice çırpın.
f) Hamuru büyük yuvarlak uçlu sıkma torbasına aktarın. Hazırlanan fırın tepsisine 4 inç uzunluğunda şeritler sıkın.
g) 425°F sıcaklıkta 15 dakika pişirin, ardından sıcaklığı 190°C'ye (375°F) düşürün ve 20 dakika daha veya altın kahverengi olana kadar pişirin. Tamamen soğumaya bırakın.

KURABİYE VE KREMA DOLGU:

ğ) Bir karıştırma kabında ağır kremayı yumuşak tepeler oluşuncaya kadar çırpın.
h) Pudra şekeri ve vanilya özütünü ekleyin. Sert tepeler oluşuncaya kadar çırpmaya devam edin.
ı) Ezilmiş çikolatalı sandviç kurabiyelerini yavaşça katlayın.

ÇİKOLATA GANACHE:
i) Çikolata parçacıklarını ısıya dayanıklı bir kaseye koyun.
j) Bir tencerede ağır kremayı kaynamaya başlayıncaya kadar ısıtın.
k) Sıcak kremayı çikolatanın üzerine dökün ve bir dakika bekletin.
l) Pürüzsüz olana kadar karıştırın, ardından tereyağını ekleyin ve eriyene kadar karıştırın.

TOPLANTI:
m) Soğutulmuş her pastayı yatay olarak ikiye bölün.
n) Kurabiyeleri ve krema dolgusunu her eklerin alt yarısına kaşıkla veya sıkın.
o) Eklerin üst yarısını dolgunun üzerine yerleştirin.
ö) Her bir pastanın üst kısmını çikolatalı ganajın içine batırın veya ganajı üstüne kaşıkla dökün.
p) Ganajın birkaç dakika beklemesine izin verin.
r) İsteğe bağlı olarak, dekorasyon için üstüne ilave ezilmiş kurabiye serpin.
s) Her Kurabiye ve Kremalı Eclair'de kremalı dolgu ve zengin çikolatalı ganajın enfes kombinasyonunu servis edin ve tadını çıkarın!

17.Çikolatalı Fındıklı Eklerler

İÇİNDEKİLER:
CHOUX PASTA İÇİN:
- 1 bardak su
- 1/2 su bardağı tuzsuz tereyağı
- 1 fincan çok amaçlı un
- 4 büyük yumurta

DOLGU İÇİN:
- 2 su bardağı pasta kreması
- 1/2 bardak Nutella (fındık ezmesi)

ÇİKOLATA FINDIK GANAŞI İÇİN:
- 1 su bardağı bitter çikolata, doğranmış
- 1/2 bardak ağır krema
- 1/4 su bardağı kıyılmış fındık (garnitür için)

TALİMATLAR:
PASTA HAMURU:
a) Bir tencerede su ve tereyağını birleştirin. Kaynatın.
b) Unu ekleyin ve karışım bir top oluşana kadar kuvvetlice karıştırın. Ateşten alın.
c) Hamurun biraz soğumasını bekleyin, ardından yumurtaları birer birer ekleyin ve her eklemeden sonra iyice karıştırın.
ç) Hamuru sıkma torbasına aktarın ve eklerleri fırın tepsisine sıkın.
d) Önceden ısıtılmış 190°C (375°F) fırında 25-30 dakika veya altın rengi kahverengi olana kadar pişirin.

DOLGU:
e) Eklerler soğuduktan sonra yatay olarak ikiye bölün.
f) Nutella'yı pastacı kremasına iyice birleşene kadar karıştırın.
g) Her bir pastayı sıkma torbası veya kaşık yardımıyla çikolatalı fındık dolgusu ile doldurun.

ÇİKOLATA FINDIK GANAŞ:
ğ) Ağır kremayı bir tencerede kaynamaya başlayana kadar ısıtın.
h) Sıcak kremayı doğranmış bitter çikolatanın üzerine dökün. Bir dakika bekletin, sonra pürüzsüz hale gelinceye kadar karıştırın.
ı) Her bir pastanın üstünü çikolatalı fındıklı ganajın içine batırın ve eşit bir kaplama sağlayın.
i) Süslemek için üzerine kıyılmış fındık serpin.
j) Servis yapmadan önce ganajın yaklaşık 15 dakika kurumasını bekleyin.
k) Çöken Çikolatalı Fındıklı Eklerlerinizin tadını çıkarın!

18.Nane Çikolatalı Eklerler

İÇİNDEKİLER:
CHOUX PASTA İÇİN:
- 1 bardak su
- 1/2 su bardağı tuzsuz tereyağı
- 1 fincan çok amaçlı un
- 4 büyük yumurta

DOLGU İÇİN:
- 2 su bardağı pasta kreması

NANE ÇİKOLATA GANAŞI İÇİN:
- 1 su bardağı bitter çikolata, doğranmış
- 1/2 bardak ağır krema
- 1 çay kaşığı nane özü

TALİMATLAR:
PASTA HAMURU:
a) Bir tencerede su ve tereyağını birleştirin. Kaynatın.
b) Unu ekleyin ve karışım bir top oluşana kadar kuvvetlice karıştırın. Ateşten alın.
c) Hamurun biraz soğumasını bekleyin, ardından yumurtaları birer birer ekleyin ve her eklemeden sonra iyice karıştırın.
ç) Hamuru sıkma torbasına aktarın ve eklerleri fırın tepsisine sıkın.
d) Önceden ısıtılmış 190°C (375°F) fırında 25-30 dakika veya altın rengi kahverengi olana kadar pişirin.

DOLGU:
e) Eklerler soğuduktan sonra yatay olarak ikiye bölün.
f) Pasta kremasını hazırlayın veya mağazadan satın alınanları kullanın.
g) İsteğe bağlı olarak, nane aroması için pastacı kremasına bir çay kaşığı nane özü ekleyin. İyice karıştırın.
ğ) Her bir eklerin içerisine nane aromalı pastacı kremasını sıkma torbası veya kaşık kullanarak doldurun.

NANE ÇİKOLATA GANAŞ:
h) Ağır kremayı bir tencerede kaynamaya başlayana kadar ısıtın.
ı) Sıcak kremayı doğranmış bitter çikolatanın üzerine dökün. Bir dakika bekletin, sonra pürüzsüz hale gelinceye kadar karıştırın.
i) Ganache'ye nane özü ekleyin ve iyice karıştırın.

j) Her bir eklerin üstünü naneli çikolatalı ganajın içine batırın ve eşit bir kaplama sağlayın.
k) Servis yapmadan önce ganajın yaklaşık 15 dakika kurumasını bekleyin.
l) Serinletici Nane Çikolatalı Eklerlerinizin tadını çıkarın!

19.Beyaz Çikolatalı Ahududu Ekleri

İÇİNDEKİLER:
CHOUX PASTA İÇİN:
- 1 bardak su
- 1/2 su bardağı tuzsuz tereyağı
- 1 fincan çok amaçlı un
- 4 büyük yumurta

DOLGU İÇİN:
- 2 su bardağı beyaz çikolata parçacıkları
- 1 bardak ağır krema
- 1/2 bardak ahududu reçeli

BEYAZ ÇİKOLATALI AHUDUDU GANAŞI İÇİN:
- 1 su bardağı beyaz çikolata, doğranmış
- 1/2 bardak ağır krema
- Taze ahududu (süslemek için)

TALİMATLAR:
PASTA HAMURU:
a) Bir tencerede su ve tereyağını birleştirin. Kaynatın.
b) Unu ekleyin ve karışım bir top oluşana kadar kuvvetlice karıştırın. Ateşten alın.
c) Hamurun biraz soğumasını bekleyin, ardından yumurtaları birer birer ekleyin ve her eklemeden sonra iyice karıştırın.
ç) Hamuru sıkma torbasına aktarın ve eklerleri fırın tepsisine sıkın.
d) Önceden ısıtılmış 190°C (375°F) fırında 25-30 dakika veya altın rengi kahverengi olana kadar pişirin.

DOLGU:
e) Eklerler soğuduktan sonra yatay olarak ikiye bölün.
f) Ağır kremayı kaynamaya başlayana kadar ısıtın.
g) Sıcak kremayı beyaz çikolata parçacıklarının üzerine dökün. Bir dakika bekletin, sonra pürüzsüz hale gelinceye kadar karıştırın.
ğ) Ahududu reçelini iyice birleşene kadar karıştırın.
h) Her bir pastayı sıkma torbası kullanarak beyaz çikolatalı ahududu dolgusuyla doldurun.

BEYAZ ÇİKOLATA AHUDUDU GANAŞ:
ı) Ağır kremayı bir tencerede kaynamaya başlayana kadar ısıtın.

i) Sıcak kremayı doğranmış beyaz çikolatanın üzerine dökün. Bir dakika bekletin, sonra pürüzsüz hale gelinceye kadar karıştırın.
j) Her bir eklerin üstünü beyaz çikolatalı ahududu ganajına batırın ve eşit bir kaplama sağlayın.
k) Her pastayı taze ahududuyla süsleyin.
l) Servis yapmadan önce ganajın yaklaşık 15 dakika kurumasını bekleyin.

20.Bitter Çikolatalı Portakallı Eklerler

İÇİNDEKİLER:
CHOUX PASTA İÇİN:
- 1 bardak su
- 1/2 su bardağı tuzsuz tereyağı
- 1 fincan çok amaçlı un
- 4 büyük yumurta

DOLGU İÇİN:
- 2 su bardağı çikolatalı portakallı ganaj
- Garnitür için portakal kabuğu rendesi

ÇİKOLATA SIRASI İÇİN:
- 1/2 bardak bitter çikolata, doğranmış
- 1/4 su bardağı tuzsuz tereyağı
- 1 su bardağı pudra şekeri
- 1/4 su bardağı sıcak su

TALİMATLAR:
PASTA HAMURU:

a) Bir tencerede su ve tereyağını birleştirin. Tereyağı eriyene ve karışım kaynayana kadar orta ateşte ısıtın.

b) Ateşten alın, unu bir kerede ekleyin ve karışım bir top oluşana kadar kuvvetlice karıştırın.

c) Hamuru birkaç dakika soğumaya bırakın, ardından yumurtaları birer birer ekleyin ve her eklemeden sonra iyice çırpın.

ç) Hamuru sıkma torbasına aktarın ve eklerleri fırın tepsisine sıkın.

d) Önceden ısıtılmış fırında 375°F (190°C) sıcaklıkta yaklaşık 30 dakika veya altın kahverengi olana kadar pişirin. Soğumaya bırakın.

DOLGU:

e) Bitter çikolatayı eritip karışıma portakal kabuğu rendesini ekleyerek çikolatalı portakallı ganajı hazırlayın.

f) Ganaj hafifçe soğuduktan sonra hala dökülebilir hale geldiğinde, ganajı ortasına enjekte ederek veya yayarak eklerleri doldurun.

ÇİKOLATA SOSU:

g) Isıya dayanıklı bir kapta çikolata ve tereyağını benmari usulü eritin.

ğ) Ateşten alın, pudra şekeri ekleyin ve yavaş yavaş sıcak suyla pürüzsüz hale gelinceye kadar karıştırın.
h) Her bir pastanın üst kısmını çikolata sosuna batırın ve fazlasının akmasını sağlayın.
ı) Narenciye aroması patlaması için her ekin üzerine ilave portakal kabuğu rendesi serpin.
i) Doldurulmuş ve sırlanmış eklerleri çikolatanın donması için yaklaşık 30 dakika buzdolabına koyun.
j) Soğumuş olarak servis yapın ve bu eşsiz eklerlerde bitter çikolata ve portakalın enfes kombinasyonunun tadını çıkarın!

21.Baharatlı Meksika Çikolatalı Eklerleri

İÇİNDEKİLER:

CHOUX PASTA İÇİN:
- 1 bardak su
- 1/2 su bardağı tuzsuz tereyağı
- 1 fincan çok amaçlı un
- 4 büyük yumurta

DOLGU İÇİN:
- 2 su bardağı çikolatalı tarçınlı ganaj
- Bir tutam acı biber

ÇİKOLATA SIRASI İÇİN:
- 1/2 bardak bitter çikolata, doğranmış
- 1/4 su bardağı tuzsuz tereyağı
- 1 su bardağı pudra şekeri
- 1/4 çay kaşığı öğütülmüş tarçın

TALİMATLAR:

PASTA HAMURU:

a) Bir tencerede su ve tereyağını birleştirin. Tereyağı eriyene ve karışım kaynayana kadar orta ateşte ısıtın.

b) Ateşten alın, unu bir kerede ekleyin ve karışım bir top oluşana kadar kuvvetlice karıştırın.

c) Hamuru birkaç dakika soğumaya bırakın, ardından yumurtaları birer birer ekleyin ve her eklemeden sonra iyice çırpın.

ç) Hamuru sıkma torbasına aktarın ve eklerleri fırın tepsisine sıkın.

d) Önceden ısıtılmış fırında 375°F (190°C) sıcaklıkta yaklaşık 30 dakika veya altın kahverengi olana kadar pişirin. Soğumaya bırakın.

DOLGU:

e) Bitter çikolatayı eritip karışıma öğütülmüş tarçını ekleyerek çikolatalı tarçınlı ganajı hazırlayın.

f) Ganajın üzerine damak tadınıza göre bir tutam acı biber ekleyin.

g) Ganaj hafifçe soğuduğunda ancak hala dökülebilir hale geldiğinde, baharatlı çikolata karışımını ortasına enjekte ederek veya yayarak eklerleri doldurun.

ÇİKOLATA SOSU:

ğ) Isıya dayanıklı bir kapta çikolata ve tereyağını benmari usulü eritin.

h) Ateşten alın, pudra şekeri ekleyin ve yavaş yavaş sıcak suyla pürüzsüz hale gelinceye kadar karıştırın.

ı) Her bir pastanın üst kısmını çikolata sosuna batırın ve fazlasının akmasını sağlayın.

i) Doldurulmuş ve sırlanmış eklerlerin buzdolabında yaklaşık 30 dakika beklemesine izin verin.

j) Soğutulmuş olarak servis yapın ve bu eklerlerdeki baharatlı Meksika çikolatasının eşsiz kombinasyonunun tadını çıkarın!

22.Fındıklı Pralin Çikolatalı Eklerler

İÇİNDEKİLER:
CHOUX PASTA İÇİN:
- 1 bardak su
- 1/2 su bardağı tuzsuz tereyağı
- 1 fincan çok amaçlı un
- 4 büyük yumurta

DOLGU İÇİN:
- 2 su bardağı fındıklı pralin kreması

ÇİKOLATA SIRASI İÇİN:
- 1/2 bardak bitter çikolata, doğranmış
- 1/4 su bardağı tuzsuz tereyağı
- Süslemek için dövülmüş fındık

TALİMATLAR:
PASTA HAMURU:
a) Bir tencerede su ve tereyağını birleştirin. Tereyağı eriyene ve karışım kaynayana kadar orta ateşte ısıtın.
b) Ateşten alın, unu bir kerede ekleyin ve karışım bir top oluşana kadar kuvvetlice karıştırın.
c) Hamuru birkaç dakika soğumaya bırakın, ardından yumurtaları birer birer ekleyin ve her eklemeden sonra iyice çırpın.
ç) Hamuru sıkma torbasına aktarın ve eklerleri fırın tepsisine sıkın.
d) Önceden ısıtılmış fırında 375°F (190°C) sıcaklıkta yaklaşık 30 dakika veya altın kahverengi olana kadar pişirin. Soğumaya bırakın.

DOLGU:
e) Ezilmiş fındıkları temel bir pastacı kreması veya muhallebi içine ekleyerek fındıklı pralin kreması hazırlayın.
f) Fındıklı pralin kreması hazır olduktan sonra kremayı ortasına enjekte ederek veya yayarak eklerlerin içini doldurun.

ÇİKOLATA SOSU:
g) Isıya dayanıklı bir kapta çikolata ve tereyağını benmari usulü eritin.
ğ) Her bir pastanın üst kısmını çikolata sosuna batırın ve fazlasının akmasını sağlayın.

h) Daha fazla lezzet ve doku için her bir ekler üzerine ezilmiş fındık serpin.
ı) Doldurulmuş ve sırlanmış eklerlerin buzdolabında yaklaşık 30 dakika beklemesine izin verin.
i) Soğumuş olarak servis yapın ve bu eklerlerde fındıklı pralin ve çikolatanın enfes kombinasyonunun tadını çıkarın!

23.Crème Brûlée Çikolatalı Ekler

İÇİNDEKİLER:
CHOUX PASTA İÇİN:
- 1 bardak su
- 1/2 su bardağı tuzsuz tereyağı
- 1 fincan çok amaçlı un
- 4 büyük yumurta

DOLGU İÇİN:
- 2 su bardağı çikolatalı muhallebi (veya çikolatalı pasta kreması)

CRÈME BRÛLEE ÜSTÜ İÇİN:
- 1/4 su bardağı toz şeker
- Karamelize etmek için mutfak meşalesi

TALİMATLAR:
PASTA HAMURU:
a) Bir tencerede su ve tereyağını birleştirin. Tereyağı eriyene ve karışım kaynayana kadar orta ateşte ısıtın.
b) Ateşten alın, unu bir kerede ekleyin ve karışım bir top oluşana kadar kuvvetlice karıştırın.
c) Hamuru birkaç dakika soğumaya bırakın, ardından yumurtaları birer birer ekleyin ve her eklemeden sonra iyice çırpın.
ç) Hamuru sıkma torbasına aktarın ve eklerleri fırın tepsisine sıkın.
d) Önceden ısıtılmış fırında 375°F (190°C) sıcaklıkta yaklaşık 30 dakika veya altın kahverengi olana kadar pişirin. Soğumaya bırakın.

DOLGU:
e) Çikolatalı muhallebi veya çikolatalı pasta kremasını hazırlayıp soğumaya bırakın.
f) Choux böreği soğuduktan sonra, çikolatalı muhallebiyi ortasına enjekte ederek veya yayarak eklerleri doldurun.

CRÈME BRÛLEE ÜSTÜ:
g) Her bir ekler üzerine ince, eşit bir tabaka halinde toz şeker serpin.
ğ) Bir mutfak meşalesi kullanarak şekeri altın kahverengi bir kabuk oluşana kadar karamelize edin. Karamelleşmenin eşit olmasını sağlamak için meşaleyi dairesel hareketlerle hareket ettirin.
h) Karamelize şekerin birkaç dakika soğumasını ve sertleşmesini bekleyin.
ı) Crème Brûlée Çikolatalı Eklerlerini, çıtır karamelize kaplama ve kremalı çikolata dolgusunun nefis kontrastıyla servis edin.

24.Glutensiz Çikolatalı Eklerler

İÇİNDEKİLER:
GLUTENSİZ CHOUX BÖREĞİ İÇİN:
- 1 bardak su
- 1/2 su bardağı tuzsuz tereyağı
- 1 su bardağı glutensiz çok amaçlı un
- 1/2 çay kaşığı ksantan sakızı (un karışımına dahil edilmemişse)
- 4 büyük yumurta

DOLGU İÇİN:
- 2 su bardağı glutensiz çikolatalı pasta kreması

ÇİKOLATA SIRASI İÇİN:
- 1/2 bardak bitter çikolata, doğranmış
- 1/4 su bardağı tuzsuz tereyağı
- 1 su bardağı pudra şekeri
- 1/4 su bardağı sıcak su

TALİMATLAR:
GLUTENSİZ CHOUX BÖREĞİ:
a) Fırınınızı önceden 375°F'ye (190°C) ısıtın ve fırın tepsisini parşömen kağıdıyla kaplayın.
b) Bir tencerede su ve tereyağını birleştirin. Tereyağı eriyene ve karışım kaynayana kadar orta ateşte ısıtın.
c) Ateşten alın, glutensiz unu ve ksantan sakızını (gerekirse) ekleyin ve karışım bir top oluşana kadar kuvvetlice karıştırın.
ç) Hamuru birkaç dakika soğumaya bırakın, ardından yumurtaları birer birer ekleyin ve her eklemeden sonra iyice çırpın.
d) Glutensiz choux hamurunu bir sıkma torbasına aktarın ve eklerleri hazırlanan fırın tepsisine sıkın.
e) Yaklaşık 30 dakika veya altın rengi kahverengi olana kadar pişirin. Soğumaya bırakın.

DOLGU:
f) Glutensiz çikolatalı pasta kremasını hazırlayın ve soğumaya bırakın.
g) Glutensiz choux böreği soğuduktan sonra, çikolatalı pasta kremasını ortasına enjekte ederek veya yayarak eklerleri doldurun.

ÇİKOLATA SOSU:

ğ) Isıya dayanıklı bir kapta, bitter çikolatayı ve tereyağını benmari usulü eritin.
h) Ateşten alın, pudra şekeri ekleyin ve yavaş yavaş sıcak suyla pürüzsüz hale gelinceye kadar karıştırın.
ı) Her glutensiz pastanın üst kısmını çikolata sosuna batırın ve fazlasının damlamasını sağlayın.
i) Doldurulmuş ve sırlanmış glutensiz eklerlerin buzdolabında yaklaşık 30 dakika beklemesine izin verin.
j) Soğutulmuş olarak servis yapın ve bu lezzetli çikolatalı eklerlerin glutensiz versiyonunun tadını çıkarın!

25.Çikolatalı ve Tuzlu Karamelli Ekler

İÇİNDEKİLER:

CHOUX PASTA İÇİN:
- 1 bardak su
- 1/2 su bardağı tuzsuz tereyağı
- 1 fincan çok amaçlı un
- 4 büyük yumurta

DOLGU İÇİN:
- 2 su bardağı tuzlu karamel kreması
- Garnitür için ilave deniz tuzu

ÇİKOLATA SIRASI İÇİN:
- 1/2 bardak bitter çikolata, doğranmış
- 1/4 su bardağı tuzsuz tereyağı
- 1 su bardağı pudra şekeri
- 1/4 su bardağı sıcak su

TALİMATLAR:

PASTA HAMURU:

a) Fırınınızı önceden 375°F'ye (190°C) ısıtın ve fırın tepsisini parşömen kağıdıyla kaplayın.
b) Bir tencerede su ve tereyağını birleştirin. Tereyağı eriyene ve karışım kaynayana kadar orta ateşte ısıtın.
c) Ateşten alın, unu ekleyin ve karışım bir top oluşana kadar kuvvetlice karıştırın.
ç) Hamuru birkaç dakika soğumaya bırakın, ardından yumurtaları birer birer ekleyin ve her eklemeden sonra iyice çırpın.
d) Hamuru sıkma torbasına aktarın ve hazırlanan fırın tepsisine eklerleri sıkın.
e) Yaklaşık 30 dakika veya altın rengi kahverengi olana kadar pişirin. Soğumaya bırakın.

DOLGU:

f) Temel bir pasta kreması veya muhallebi içine deniz tuzu ekleyerek tuzlu karamel kreması hazırlayın.
g) Choux böreği soğuduktan sonra, tuzlu karamelli kremayı ortasına enjekte ederek veya yayarak eklerleri doldurun.

ÇİKOLATA SOSU:

ğ) Isıya dayanıklı bir kapta, bitter çikolatayı ve tereyağını benmari usulü eritin.

h) Ateşten alın, pudra şekeri ekleyin ve yavaş yavaş sıcak suyla pürüzsüz hale gelinceye kadar karıştırın.
ı) Her bir pastanın üst kısmını çikolata sosuna batırın ve fazlasının akmasını sağlayın.
i) Ekstra tuzlu karamel aroması için her çikolata kaplı pastanın üzerine bir tutam deniz tuzu serpin.
j) Doldurulmuş ve sırlanmış eklerlerin buzdolabında yaklaşık 30 dakika beklemesine izin verin.
k) Soğutulmuş olarak servis yapın ve bu eklerlerdeki nefis çikolata ve tuzlu karamel kombinasyonunun tadını çıkarın!

26.Pralin Dolgulu Çikolatalı Ekler

İÇİNDEKİLER:

CHOUX PASTA İÇİN:
- 1 bardak su
- 1/2 su bardağı tuzsuz tereyağı
- 1 fincan çok amaçlı un
- 4 büyük yumurta

DOLGU İÇİN:
- 2 su bardağı fındıklı pralin kreması

ÇİKOLATA SIRASI İÇİN:
- 1/2 bardak bitter çikolata, doğranmış
- 1/4 su bardağı tuzsuz tereyağı
- Süslemek için dövülmüş fındık

TALİMATLAR:

PASTA HAMURU:

a) Fırınınızı önceden 375°F'ye (190°C) ısıtın ve fırın tepsisini parşömen kağıdıyla kaplayın.
b) Bir tencerede su ve tereyağını birleştirin. Tereyağı eriyene ve karışım kaynayana kadar orta ateşte ısıtın.
c) Ateşten alın, unu ekleyin ve karışım bir top oluşana kadar kuvvetlice karıştırın.
ç) Hamuru birkaç dakika soğumaya bırakın, ardından yumurtaları birer birer ekleyin ve her eklemeden sonra iyice çırpın.
d) Hamuru sıkma torbasına aktarın ve hazırlanan fırın tepsisine eklerleri sıkın.
e) Yaklaşık 30 dakika veya altın rengi kahverengi olana kadar pişirin. Soğumaya bırakın.

DOLGU:

f) Ezilmiş fındıkları temel bir pastacı kreması veya muhallebi içine ekleyerek fındıklı pralin kreması hazırlayın.
g) Choux böreği soğuduktan sonra, fındıklı pralin kremasını ortasına enjekte ederek veya yayarak eklerleri doldurun.

ÇİKOLATA SOSU:

ğ) Isıya dayanıklı bir kapta, bitter çikolatayı ve tereyağını benmari usulü eritin.
h) Her bir pastanın üst kısmını çikolata sosuna batırın ve fazlasının akmasını sağlayın.

ı) Daha fazla lezzet ve doku için her bir ekler üzerine ezilmiş fındık serpin.
i) Doldurulmuş ve sırlanmış eklerlerin buzdolabında yaklaşık 30 dakika beklemesine izin verin.
j) Soğumuş olarak servis yapın ve bu eklerlerde pralin ve çikolatanın enfes kombinasyonunun tadını çıkarın!

27.Çikolatalı Fıstıklı Ekler

İÇİNDEKİLER:

CHOUX PASTA İÇİN:
- 1 bardak su
- 1/2 su bardağı tuzsuz tereyağı
- 1 fincan çok amaçlı un
- 4 büyük yumurta

DOLGU İÇİN:
- 2 su bardağı fıstıklı pasta kreması

ÇİKOLATA SIRASI İÇİN:
- 1/2 bardak bitter çikolata, doğranmış
- 1/4 su bardağı tuzsuz tereyağı
- Süslemek için dövülmüş antep fıstığı

TALİMATLAR:

PASTA HAMURU:

a) Fırınınızı önceden 375°F'ye (190°C) ısıtın ve fırın tepsisini parşömen kağıdıyla kaplayın.
b) Bir tencerede su ve tereyağını birleştirin. Tereyağı eriyene ve karışım kaynayana kadar orta ateşte ısıtın.
c) Ateşten alın, unu ekleyin ve karışım bir top oluşana kadar kuvvetlice karıştırın.
ç) Hamuru birkaç dakika soğumaya bırakın, ardından yumurtaları birer birer ekleyin ve her eklemeden sonra iyice çırpın.
d) Hamuru sıkma torbasına aktarın ve hazırlanan fırın tepsisine eklerleri sıkın.
e) Yaklaşık 30 dakika veya altın rengi kahverengi olana kadar pişirin. Soğumaya bırakın.

DOLGU:

f) Ezilmiş antep fıstıklarını temel bir pasta kreması veya muhallebi içine ekleyerek fıstıklı pasta kreması hazırlayın.
g) Choux böreği soğuduktan sonra, fıstıklı pasta kremasını ortasına enjekte ederek veya yayarak eklerleri doldurun.

ÇİKOLATA SOSU:

ğ) Isıya dayanıklı bir kapta, bitter çikolatayı ve tereyağını benmari usulü eritin.
h) Her bir pastanın üst kısmını çikolata sosuna batırın ve fazlasının akmasını sağlayın.

1) Daha fazla lezzet ve doku için her ekin üzerine ezilmiş antep fıstığı serpin.
i) Doldurulmuş ve sırlanmış eklerlerin buzdolabında yaklaşık 30 dakika beklemesine izin verin.
j) Soğumuş olarak servis yapın ve bu eklerlerde çikolata ve antep fıstığının enfes kombinasyonunun tadını çıkarın!

28.Çikolatalı Mus Eklerleri

İÇİNDEKİLER:
CHOUX PASTA İÇİN:
- 1 bardak su
- 1/2 su bardağı tuzsuz tereyağı
- 1 fincan çok amaçlı un
- 4 büyük yumurta

ÇİKOLATA MUSUS DOLGUSU İÇİN:
- 1 1/2 bardak ağır krema
- 1 su bardağı bitter çikolata, doğranmış
- 1/4 su bardağı toz şeker
- 1 çay kaşığı vanilya özü

ÇİKOLATA SIRASI İÇİN:
- 1/2 bardak bitter çikolata, doğranmış
- 1/4 su bardağı tuzsuz tereyağı
- 1 su bardağı pudra şekeri
- 1/4 su bardağı sıcak su

TALİMATLAR:
PASTA HAMURU:
a) Fırınınızı önceden 375°F'ye (190°C) ısıtın ve fırın tepsisini parşömen kağıdıyla kaplayın.
b) Bir tencerede su ve tereyağını birleştirin. Tereyağı eriyene ve karışım kaynayana kadar orta ateşte ısıtın.
c) Ateşten alın, unu ekleyin ve karışım bir top oluşana kadar kuvvetlice karıştırın.
ç) Hamuru birkaç dakika soğumaya bırakın, ardından yumurtaları birer birer ekleyin ve her eklemeden sonra iyice çırpın.
d) Hamuru sıkma torbasına aktarın ve hazırlanan fırın tepsisine eklerleri sıkın.
e) Yaklaşık 30 dakika veya altın rengi kahverengi olana kadar pişirin. Soğumaya bırakın.

ÇİKOLATA MUSUS DOLGU:
f) Isıya dayanıklı bir kapta, bitter çikolatayı benmari usulü veya mikrodalgada pürüzsüz hale gelinceye kadar karıştırarak eritin. Biraz soğumaya bırakın.

g) Ayrı bir kapta, ağır kremayı yumuşak tepeler oluşuncaya kadar çırpın. Şekeri ve vanilya özütünü ekleyin ve sert zirveler oluşuncaya kadar çırpmaya devam edin.

ğ) Eritilmiş çikolatayı iyice birleşene kadar çırpılmış kremaya yavaşça katlayın.

h) Eklerler soğuduktan sonra, musları ortasına enjekte ederek veya yayarak çikolatalı musla doldurun.

ÇİKOLATA SOSU:

ı) Isıya dayanıklı bir kapta, bitter çikolatayı ve tereyağını benmari usulü eritin.

i) Ateşten alın, pudra şekeri ekleyin ve yavaş yavaş sıcak suyla pürüzsüz hale gelinceye kadar karıştırın.

j) Her bir eklerin üst kısmını çikolata sosuna batırın ve fazlasının akmasını sağlayın.

k) Doldurulmuş ve sırlanmış eklerleri buzdolabında yaklaşık 30 dakika bekletin.

l) Soğutulmuş olarak servis yapın ve lezzetli ve kremsi Çikolatalı Mousse Éclairs'in tadını çıkarın

MEYVELİ EKLER

29.Ahududu-Şeftali Mousse Eklerleri

İÇİNDEKİLER:
EKLER HAMUR:
- 3 büyük yumurta, oda sıcaklığında
- 2/3 bardak su
- 5 yemek kaşığı tuzsuz tereyağı, 1/2-inç küpler halinde kesilmiş
- 3/16 çay kaşığı tuz
- 2/3 su bardağı elenmiş çok amaçlı un
- 1/2 çay kaşığı limon kabuğu rendesi

Ahududu-şeftali köpüğü dolgusu:
- 1/4 su bardağı soğuk su
- 1 zarf aromasız toz jelatin
- 1 bardak ağır krema, bölünmüş
- 1 yemek kaşığı toz şeker
- 4 ons İsviçre beyaz çikolatası, iri kıyılmış
- 1/2 bardak dondurulmuş ahududu, çözülmüş
- 2 yemek kaşığı Chambord likörü
- 1/2 su bardağı ince doğranmış taze veya konserve şeftali

AHUDUDU SOSU:
- 1 torba (12 oz) dondurulmuş ahududu
- 3/4 su bardağı toz şeker
- 2 yemek kaşığı Chambord likörü

GARNİTÜR:
- Şekerleme şekeri
- Şeftali dilimleri
- Nane (isteğe bağlı)

TALİMATLAR:
EKLER HAMUR:
a) Fırını önceden 425 derece F'ye ısıtın. İki fırın tepsisini pişirme parşömeniyle kaplayın.
b) Bir cam ölçüm kabında yumurtaları karışana kadar karıştırın. Küçük bir bardağa 2 yemek kaşığı çırpılmış yumurta ayırın.
c) Orta ağır bir tencerede su, tereyağı ve tuzu birleştirin. Tereyağı eriyene kadar orta ateşte ısıtın.
ç) Isıyı orta-yüksek seviyeye yükseltin ve karışımı kaynatın. Ateşten alın.

d) Tel çırpıcı kullanarak un ve limon kabuğu rendesini ekleyip karıştırın. Karışım pürüzsüz hale gelinceye ve tavanın kenarından çekilinceye kadar kuvvetlice çırpın.
e) Tavayı tekrar ateşe verin, tahta kaşıkla sürekli karıştırarak pişirin. Macun çok pürüzsüz bir top oluşturana kadar 30 ila 60 saniye pişirin.
f) Macunu büyük bir kaseye aktarın.
g) Ayrılmış 1/2 bardak çırpılmış yumurtayı hamurun üzerine dökün ve karışım pürüzsüz, yumuşak bir hamur oluşana kadar tahta bir kaşıkla 45 ila 60 saniye kuvvetlice çırpın.
ğ) Pasta hamuruyla 5/16 inçlik düz uçlu bir hamur torbası doldurun. Hazırlanan fırın tepsilerine yaklaşık 1/2 inç genişliğinde 4 1/2 inçlik şeritler sıkın ve ekler arasında yaklaşık 1 1/2 inç bırakın.
h) Kalan çırpılmış yumurtayı eklerlerin üstlerine hafifçe fırçalayın.
ı) Ekleri 10 dakika pişirin, ardından fırın sıcaklığını 375 derece F'ye düşürün. Derin altın rengi kahverengi olana kadar 20 ila 25 dakika pişirmeye devam edin. Tel rafa aktarın ve tamamen soğutun.

Ahududu-şeftali köpüğü dolgusu:
i) Soğuk suyu küçük bir bardağa koyun. Jelatini suyun üzerine serpin ve jelatinin yumuşaması için 5 dakika bekletin.
j) Küçük bir tencerede 1/2 bardak kremayı ve şekeri birleştirin. Orta ateşte, sürekli karıştırarak, karışım hafif bir kaynama noktasına gelinceye kadar pişirin.
k) Yumuşatılmış jelatini sıcak kremaya ekleyin ve jelatin tamamen eriyene kadar çırpın.
l) Beyaz çikolatayı mutfak robotunda ince kıyılana kadar işleyin. Sıcak krema karışımını ekleyin ve tamamen pürüzsüz hale gelinceye kadar işlem yapın.
m) Çözülmüş ahududuları ve Chambord'u beyaz çikolata karışımına ekleyin. Pürüzsüz olana kadar işlem yapın.
n) Karışımı orta boy bir kaseye aktarın ve doğranmış şeftalileri ekleyerek karıştırın.

o) Soğutulmuş orta boy bir kapta, orta hıza ayarlanmış el tipi bir elektrikli karıştırıcı kullanarak, kalan 1/2 fincan kremayı yumuşak zirveler oluşmaya başlayana kadar çırpın.
ö) Çırpılmış kremayı beyaz çikolatalı ahududu karışımına yavaşça katlayın.
p) Musun yüzeyini plastik ambalajla örtün ve 15 dakika boyunca veya yumuşak tepecikler oluşturacak kadar kalınlaşıncaya kadar buzdolabında saklayın. Musun tamamen sertleşmesine izin vermeyin.

AHUDUDU SOSU:
r) Orta boy bir tencerede dondurulmuş ahududuları ve şekeri birleştirin. Şeker tamamen eriyene ve meyveler yumuşayana kadar sürekli karıştırarak orta ateşte pişirin. Karışımın kaynamasına izin vermeyin.
s) Ahududu karışımını ince delikli bir elekten geçirerek bir kaseye süzün.
ş) Chambord'u karıştırın. Servis edilene kadar örtün ve buz dolabında saklayın.

ECLAIRS'I MONTE EDİN:
t) Ekleri ikiye bölün ve nemli hamurları çıkarın.
u) Her bir pastayı yaklaşık üç yemek kaşığı ahududu-şeftali köpüğü dolgusu ile doldurun.
ü) Eklerin üst kısmını değiştirin.
v) İstenirse eklerlerin üzerine şekerleme şekeri serpin.
y) Her tatlı tabağına ahududu sosunun bir kısmını gezdirin.
z) Üstüne bir ekler ekleyin.
aa) Arzu ederseniz şeftali dilimleri ve nane ile süsleyin.

30. Turuncu Eklerler

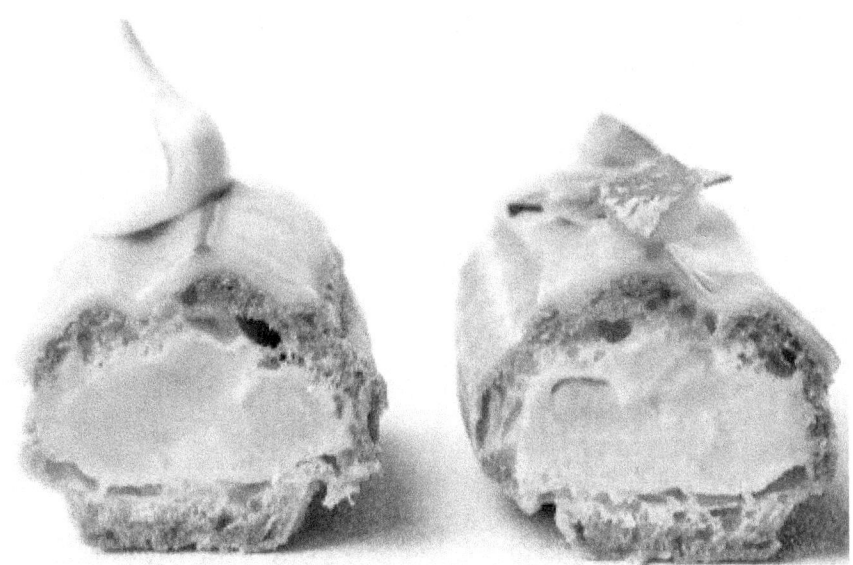

İÇİNDEKİLER:

EKLER:
- 3 yemek kaşığı %70 ayran-bitkisel yağ sürülebilirliği
- 1/4 çay kaşığı tuz
- 3/4 su bardağı çok amaçlı un
- 2 yumurta
- 1 yumurta beyazı

PASTA KREMASI:
- 2/3 bardak %1 az yağlı süt
- 3 yemek kaşığı şeker
- 4 çay kaşığı çok amaçlı un
- 2 çay kaşığı mısır nişastası
- 1/8 çay kaşığı tuz
- 1 yumurta sarısı
- 1 çay kaşığı %70 ayran-bitkisel yağ sürülebilirliği
- 2 çay kaşığı rendelenmiş portakal kabuğu rendesi
- 1 çay kaşığı portakal özü
- 1/2 çay kaşığı vanilya
- 12 su bardağı dondurulmuş yağsız, süt içermeyen çırpılmış sos, çözülmüş

ÇİKOLATA SOSU:
- 1/4 bardak az yağlı şekerli yoğunlaştırılmış süt
- 2 yemek kaşığı şekersiz kakao tozu
- 2-4 çay kaşığı su (gerekirse)

TALİMATLAR:
EKLER:
a) Küçük bir tencerede bitkisel yağı, tuzu ve 3/4 bardak suyu birleştirin. Kaynatın. Ateşten alın.
b) Unu bir kerede ekleyin ve karışım bir top haline gelinceye kadar tahta bir kaşıkla hızla karıştırın.
c) Hamurun kuruması için tencereyi 3-4 dakika kısık ateşte tutun ve tahta kaşıkla sürekli karıştırın. Hamur yumuşak olmalı ve yapışkan olmamalıdır.
ç) Hamuru bir mutfak robotuna veya ağır hizmet tipi bir elektrikli karıştırıcının büyük bir kasesine aktarın. 5 dakika soğutun.
d) Yumurtaları ve yumurta aklarını teker teker ekleyin ve her eklemeden sonra tamamen pürüzsüz hale gelinceye kadar karıştırın.
e) Bir fırın tepsisini yapışmaz spreyle kaplayın. Büyük bir hamur torbasını (uçsuz) hamurla doldurun. Her biri 1 "çapında ve 4" uzunluğunda olan 8 eklerleri fırın tepsisine sıkın. Kuruması için en az 10 dakika bekletin.
f) Fırını önceden 375°F'ye ısıtın. 35-40 dakika veya altın rengi olana ve tamamen pişene kadar pişirin. Soğutmak için bir rafa aktarın.

PASTA KREMASI:
g) Küçük bir tencerede süt, şeker, un, mısır nişastası ve tuzu karışana kadar karıştırın.
ğ) Orta ateşte sürekli karıştırarak, karışım kaynayıp koyulaşana kadar 4-5 dakika pişirin.
h) Ateşten alın. Küçük bir kapta yumurta sarısını hafifçe çırpın. Sıcak süt karışımının yaklaşık 1/4 fincanını yavaş yavaş çırpın.
ı) Yumurta sarısı karışımını tekrar tavadaki süt karışımına çırpın. Tavayı orta-düşük ısıya getirin ve karışımı kaynamaya başlayana kadar yaklaşık 30 saniye çırpın. Ateşten alın.
i) Pürüzsüz ve eriyene kadar bitkisel yağı, kabuğu rendesini, portakal ve vanilya özlerini karıştırın. Bir kaseye aktarın.
j) Plastik ambalajı doğrudan yüzeye bastırın. Oda sıcaklığına soğutun, ardından buzdolabında yaklaşık 2 saat iyice soğutun.
k) Çırpılmış tepeyi katlayın. Montaja hazır olana kadar buzdolabında saklayın.

EKLERLERİN MONTAJI:

l) Her ekleri uzunlamasına ikiye bölün.

m) Her bir ekler tabanına yaklaşık 3 yemek kaşığı pasta kreması dökün. Üstleri değiştirin.

ÇİKOLATA SOSU:

n) Küçük bir tencerede yoğunlaştırılmış süt ve kakao tozunu birleştirin.

o) Karışım kabarcıklanıp koyulaşana kadar sürekli karıştırarak 1-2 dakika kısık ateşte ısıtın.

ö) Eklerlerin üst kısımlarına yayın. Sır çok kalınsa 2-4 çay kaşığı su ile inceltin.

p) Hemen servis yapın ve bu lezzetli Eclairs à l'Orange'ın tadını çıkarın!

31. Tutku Meyveli Eklerler

İÇİNDEKİLER:
EKLERLER İÇİN:
- ½ su bardağı Tuzsuz Tereyağı
- 1 bardak Su
- 1 fincan çok amaçlı un
- ¼ çay kaşığı Koşer Tuzu
- 4 yumurta

ÇARKIFELEK MEYVELİ PASTA KREMASI İÇİN:
- 6 Tutku Meyvesi (sulu)
- 5 Yumurta Sarısı
- ⅓ bardak Mısır Nişastası
- ¼ çay kaşığı Koşer Tuzu
- ⅔ su bardağı Toz Şeker
- 2 su bardağı Tam Yağlı Süt
- 1 yemek kaşığı Tereyağı

TALİMATLAR:
EKLERLER İÇİN:
a) Fırını önceden 425°F'ye ısıtın.
b) Ocaktaki büyük bir tencerede su ve tereyağını kaynatın.
c) Tuzu karıştırın ve eridikten sonra unu ekleyin, jelatinimsi bir top oluşana kadar karıştırın.
ç) Sıcak hamuru bir karıştırma kabına aktarın ve 2 dakika soğumaya bırakın.
d) Yumurtaları birer birer ekleyin, tamamen karışana kadar karıştırın.
e) Hamuru sıkma torbasına aktarın.
f) Parşömen kaplı bir fırın tepsisine, 3 inç uzunluğunda hamur tüplerini sıkın.
g) Altın kahverengi olana kadar yaklaşık 20-25 dakika pişirin.
ğ) Eklerleri soğumaya bırakın ve ardından ikiye bölün, dolguyu yarıların arasına sıkıştırın veya dolguyu içine sıkmak için bir hamur torbası kullanın.

ÇARKIFELEK MEYVELİ PASTA KREMASI İÇİN:
h) Çarkıfelek meyvesinin suyunu sıkın, çekirdeklerini çıkarmak için süzün.

ı) Bir kapta yumurta sarısını, mısır nişastasını, tuzu ve şekeri birleştirin.
i) Çırpmayı önlemek için sürekli çırparak yumurta karışımına sıcak sütü azar azar ekleyin.
j) Karışımı tekrar tencereye alıp orta ateşte muhallebi gibi koyulaşana kadar ısıtın.
k) Ateşten alın, sıcak pastacı kremasına çarkıfelek meyvesi suyu ve tereyağını ekleyin ve tamamen birleşene kadar karıştırın.
l) Pasta kremasının oda sıcaklığında soğumasını bekleyin, ardından plastik ambalajla kaplı olarak 3 güne kadar buzdolabında saklayın.
m) Montaja hazır olunca soğuyan pastacı kremasını sıkma torbasına aktarın, pastayı dilimleyin ve içini kremayla doldurun.

32.Tam Buğday Meyveli Eklerler

İÇİNDEKİLER:
PASTA HAMURU:
- ½ bardak su
- ¼ fincan tuzsuz tereyağı
- Bir tutam tuz
- ¼ bardak Çok Amaçlı Un
- ¼ su bardağı tam buğday unu
- 2 adet bütün yumurta

DOLGU:
- 1 bardak yağsız süt veya süt içermeyen fındık sütü
- 2 yemek kaşığı stevia şekeri karışımı
- 1 adet yumurta sarısı
- 2 yemek kaşığı Mısır Nişastası
- Bir tutam tuz
- 1 çay kaşığı vanilya
- ½ su bardağı krem şanti
- Üzeri için taze meyveler

TALİMATLAR:

a) Fırını 375 °F/190'a önceden ısıtın. Gresleyin ve bir kurabiye kağıdını hizalayın.
b) Bir tencerede su, tereyağı ve tuzu birleştirin. Tereyağı eriyene ve su kaynayana kadar ısıtın. Isıyı düşürün. Unları ekleyin ve karışım tavanın kenarlarından çıkana kadar kuvvetlice karıştırın. Ateşten alın ve hafifçe soğumaya bırakın. Tahta kaşıkla; Yumurtaları birer birer pürüzsüz olana kadar çırpın.
c) Çok pürüzsüz ve parlak olana kadar çırpmaya devam edin. Karışımı sıkma torbasına aktarın. Şeritleri yaklaşık 3 inç uzunluğunda ve 2 inç aralıklarla borudan çıkarın. 375F'de 30-45 dakika pişirin; Eklerler kahverengileşip tamamen kuruyana kadar pişirmeye devam edin. Tel raflarda soğutun.

KREMA DOLGUSUNUN HAZIRLANIŞI:

ç) Bir tencerede şekeri, mısır nişastasını, tuzu, sütü ve yumurta sarısını birleştirin. Orta kısık ateşte, sürekli karıştırarak, karışım koyulaşıncaya kadar pişirin. Ateşten alın. Vanilyayı karıştırın. Soğutmak için soğutun.
d) Muhallebi soğuduktan sonra çırpılmış kremayı dikkatlice katlayın. Sıkma torbasına yerleştirin.

MONTAJLAMA:

e) Hamur işlerini krema dolgusu ile doldurun ve taze meyvelerle süsleyin.
f) Sert.

33.Passion Fruit ve Ahududu Ekleri

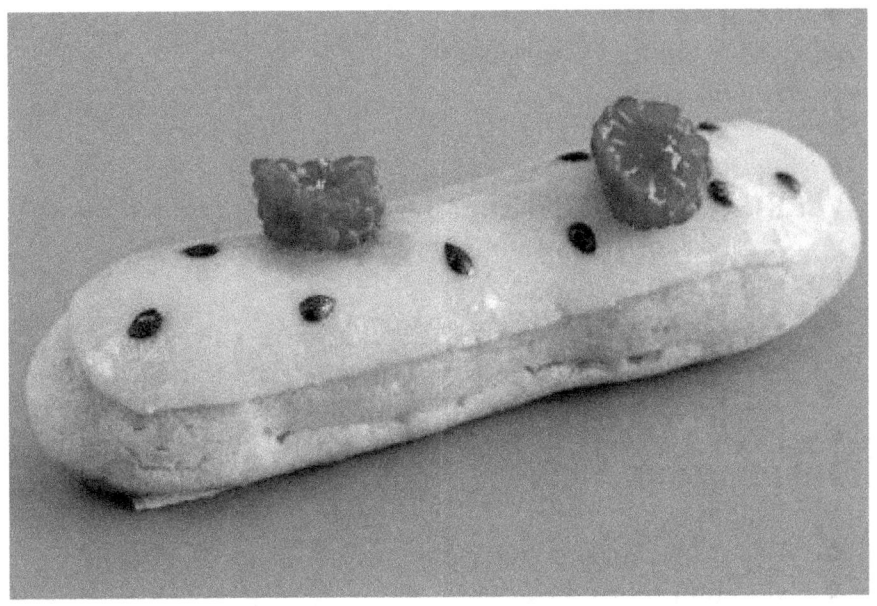

İÇİNDEKİLER:
NÖTR SIR İÇİN:
- 125g Su
- 5g NH pektin (1 çay kaşığı)
- 30g toz şeker
- 100 gr toz şeker
- 8g Glikoz şurubu

ÇARKIFELEK MEYVESİ KREMİ İÇİN:
- 75g Passion meyve suyu (yaklaşık 7 meyve)
- 10g Limon suyu
- 1g Jelatin
- 105g Yumurta (~2)
- 85g Toz şeker
- 155 gr Tereyağı (oda sıcaklığında)

AHUDUDU KONFİ İÇİN:
- 60g toz şeker
- 4g Pektin (neredeyse bir çay kaşığı)
- 90g Ahududu suyu
- 30 gr Glikoz şurubu
- 20g Limon suyu

CHOUX PASTA İÇİN:
- 85g Süt
- 85g Su
- 1 tutam Tuz
- 85g Tuzsuz tereyağı
- 85g Ekmek unu
- 148g Yumurta
- 3g Şeker
- 1 Vanilya özü

DEKORASYON:
- 100g Badem ezmesi (%50 badem içeren)
- Sarı renklendirme (gerektiği gibi)
- Turuncu renklendirme (gerektiği gibi)
- Altın gıda parıltısı (isteğe bağlı)
- 20 Taze ahududu

TALİMATLAR:
NÖTR SIR İÇİN:
a) 30 gr şekeri pektinle karıştırın.
b) Bir tencerede suyu ısıtın, şekeri ve pektini sürekli karıştırarak ekleyin.
c) Kalan şekeri ve glikozu sürekli karıştırarak ekleyin ve kaynatın.
ç) Karışımı süzün ve kullanmadan önce en az 24 saat buzdolabında saklayın.

ÇARKIFELEK MEYVESİ KREMİ İÇİN:
d) Çarkıfelek meyvesini ikiye bölün, posasını çıkarın, suyunu elde etmek için süzün.
e) Jelatin çarkıfelek meyvesi suyunda 5 dakika kabarmaya bırakın.
f) Tutku meyvesi suyu, limon suyu, şeker ve yumurtaları kaynayan suyun üzerinde bir kasede koyulaşana kadar çırpın.
g) Kremayı hızlı bir şekilde 45°C'ye soğutun, ardından doğranmış tereyağını iki kez ekleyerek bir daldırma blenderiyle karıştırın. Sıkma torbasında soğutun.

AHUDUDU KONFİ İÇİN:
ğ) Tohumlarını çıkarmak için taze ahududuları karıştırın ve süzün (bu adımdan sonraki toplam ağırlık 90 g olmalıdır).
h) Ahududu suyunu kaynatın, şekeri ve pektini karıştırın, ahududulara ekleyin ve kaynatın. İhtiyaç duyulana kadar buzdolabında saklayın.

CHOUX PASTA İÇİN:
ı) Süt, su, tuz ve tereyağını bir tencerede kaynatın. Tereyağının tamamen eridiğinden emin olun.
i) Ateşten alın, unu ekleyin, karıştırın ve tavayı tekrar ateşe verin, hamur kenarlardan ayrılıncaya ve altta ince bir film bırakıncaya kadar çırpın.
j) Hamuru bir kaseye aktarın, soğumaya bırakın ve parlak ama sert oluncaya kadar yumurtaları birer birer ekleyin. Yağlanmış veya parşömen kaplı fırın tepsisine 11 cm'lik şeritler halinde sıkın.
k) Fırını önceden 250°C'ye ısıtın, kapatın, tepsiyi 12-16 dakika içeride bırakın. Fırını 160°C'de açın, 25-30 dakika daha pişirin.

ECLAIRS'IN MONTAJI:

l) Pişen eklerlerin alt kısmına bıçağın ucuyla üç delik açın.

m) Eklerleri az miktarda ahududu konfitiyle doldurun, ardından çarkıfelek meyvesi kremasıyla tamamen doldurun.

n) Sıcak sarı bir renk elde etmek için badem ezmesini renklendiriciyle işleyin, ekler şeklinde kesin.

o) 120g nötr sırını sıvı hale gelinceye kadar ısıtın (en fazla 40°C).

ö) Eklerlerin üstünü nötr sırla fırçalayın, üstüne badem ezmesi kapağını yapıştırın.

p) Kalan sosa altın rengi parıltı ekleyin, üstüne badem ezmesini sürün, ardından dilimlenmiş ahududu ve kalan ahududu konfitinden bir tutam ekleyin.

34.Çilek ve Kremalı Eklerler

İÇİNDEKİLER:
EKLER İÇİN:
- 80 gram (1/3 su bardağı) su
- 80 gram (1/3 su bardağı) tam yağlı süt
- 72 gram (5 yemek kaşığı) tuzsuz tereyağı
- 3 gram (3/4 çay kaşığı) ince şeker
- 2,5 gram (1/2 çay kaşığı) tuz
- 90 gram (3/4 su bardağı) beyaz ekmek unu
- 155 gram (5 1/2 ons) çırpılmış yumurta (3 orta boy yumurta)

DOLDURMAK İÇİN:
- 300 mililitre (1 1/4 bardak) ağır krema
- 1 yemek kaşığı ince şeker
- 1 çay kaşığı vanilya
- Toz şeker, toz haline
- 8 ila 10 çilek, dilimlenmiş

TALİMATLAR:
EKLERLER İÇİN:
a) Orta ateşteki bir tencerede su, süt, tereyağı, ince şeker ve tuzu birleştirin. Karışımı hafif bir kaynama noktasına getirin (yaklaşık 1 dakika).

b) Kaynayınca unu ekleyin ve parlak bir hamur topu oluşana kadar (yaklaşık 2 dakika) sürekli karıştırın.

c) Hamuru büyük bir kaseye aktarın ve 2 dakika soğumasını bekleyin.

ç) Çırpılmış yumurtalı karışımın dörtte birini yavaş yavaş ekleyerek tahta kaşıkla homojen oluncaya kadar karıştırın.

d) Hamur damlama aşamasına gelene kadar (3 saniyede kaşıktan düşene kadar) yumurtayı yavaş yavaş eklemeye devam edin. Karışımın çok akışkan olmamasına dikkat edin.

e) Hamuru Fransız yıldız uçlu sıkma torbasına aktarın. Silikon mat veya parşömen kağıdıyla kaplı bir fırın tepsisine on adet 5 inçlik hamur hattını sıkın. 20 dakika dondurun.

f) Fırını önceden 205 derece C/400 derece F'ye ısıtın.

g) Ekleri eklemeden hemen önce, buhar oluşturmak için fırının dibine 2 yemek kaşığı su ekleyin. Ekleri hemen fırına yerleştirin, sıcaklığı 160 derece C/320 derece F'ye düşürün ve altın kahverengi olana kadar (30 ila 35 dakika) pişirin. Soğumaya bırakın.

DOLGU İÇİN:
ğ) Krema, ince şeker ve vanilyayı çok yumuşak zirveler oluşana kadar birlikte çırpın.
h) Karışımı, Fransız yıldız uçlu ağızlık veya başka bir dekoratif uç takılmış sıkma torbasına aktarın.

TOPLANTI:
ı) Üst ve alt kabukları oluşturmak için soğutulmuş ekler kabuklarını uzunlamasına ikiye bölün.
i) Üst kabukları hafifçe pudra şekeri ile tozlayın.
j) Alt kabukların üzerine dilimlenmiş çilekleri yerleştirin ve üzerine çırpılmış kremayı dönen bir hareketle sıkın.
k) Üst kabukları kremanın üzerine yerleştirin, ardından üstlerine küçük parçalar halinde biraz daha çırpılmış krema sıkın ve ilave taze çileklerle süsleyin.

35.Karışık Berry Eklerleri

İÇİNDEKİLER:
CHOUX PASTA İÇİN:
- 1 bardak su
- 1/2 su bardağı tuzsuz tereyağı
- 1 fincan çok amaçlı un
- 1/2 çay kaşığı tuz
- 1 yemek kaşığı şeker
- 4 büyük yumurta

KARIŞIK MUTLU DOLGU İÇİN:
- 1 bardak çilek, doğranmış
- 1/2 bardak yaban mersini
- 1/2 bardak ahududu
- 1/4 bardak böğürtlen
- 1/4 su bardağı toz şeker
- 1 yemek kaşığı limon suyu
- 1 yemek kaşığı mısır nişastası 2 yemek kaşığı suyla karıştırılmış (kıvamı arttırmak için)

VANİLYALI PASTA KREMASI İÇİN:
- 2 bardak tam yağlı süt
- 1/2 su bardağı toz şeker
- 1/4 bardak mısır nişastası
- 4 büyük yumurta sarısı
- 2 çay kaşığı vanilya özü

BERRY SIRASI İÇİN:
- 1/2 bardak karışık meyve reçeli (tohumları çıkarmak için süzülmüş)
- 2 yemek kaşığı su

TALİMATLAR:
PASTA HAMURU:
a) Fırınınızı 220°C'ye (425°F) önceden ısıtın. Bir fırın tepsisini parşömen kağıdıyla hizalayın.
b) Orta ateşteki bir tencerede su, tereyağı, tuz ve şekeri birleştirin. Kaynatın.
c) Ateşten alın ve bir hamur oluşuncaya kadar unu hızla karıştırın.
ç) Tavayı tekrar kısık ateşe alın ve hamurun kuruması için sürekli karıştırarak 1-2 dakika pişirin.
d) Hamuru geniş bir karıştırma kabına aktarın. Birkaç dakika soğumaya bırakın.
e) Yumurtaları teker teker ekleyin, her eklemeden sonra hamur pürüzsüz ve parlak oluncaya kadar iyice çırpın.
f) Hamuru büyük yuvarlak uçlu sıkma torbasına aktarın. Hazırlanan fırın tepsisine 4 inç uzunluğunda şeritler sıkın.
g) 425°F sıcaklıkta 15 dakika pişirin, ardından sıcaklığı 190°C'ye (375°F) düşürün ve 20 dakika daha veya altın kahverengi olana kadar pişirin. Tamamen soğumaya bırakın.

KARIŞIK MUTLU DOLGU:
ğ) Bir tencerede çilek, yaban mersini, ahududu, böğürtlen, şeker ve limon suyunu birleştirin.
h) Meyveler suyunu salıp yumuşayıncaya kadar orta ateşte pişirin.
ı) Mısır nişastası-su karışımını karıştırın ve karışım koyulaşana kadar pişirin.
i) Isıdan çıkarın ve soğumaya bırakın.

VANİLYALI PASTA KREMASI:
j) Bir tencerede sütü buharlaşana ancak kaynamayana kadar ısıtın.
k) Ayrı bir kapta şekeri, mısır nişastasını ve yumurta sarısını iyice karışana kadar çırpın.
l) Sıcak sütü yavaş yavaş yumurta karışımına dökün ve sürekli çırpın.
m) Karışımı tekrar tencereye alın ve orta ateşte, sürekli karıştırarak koyulaşıncaya kadar pişirin.
n) Ateşten alın, vanilya özütünü ekleyip karıştırın ve soğumaya bırakın.

BERRY SIRASI:
o) Küçük bir tencerede karışık meyve reçeli ve suyu pürüzsüz bir sır oluşana kadar ısıtın.
ö) Tohumları çıkarmak için süzün.

TOPLANTI:
p) Soğutulmuş her pastayı yatay olarak ikiye bölün.
r) Her eklerin alt yarısına vanilyalı pasta kremasını kaşıkla veya sıkın.
s) Pastacı kremasının üzerine karışık meyveli dolguyu kaşıkla dökün.
ş) Eklerin üst yarısını dolgunun üzerine yerleştirin.
t) Her bir pastanın üstüne meyve sırını gezdirin veya fırçalayın.
u) Soğutulmuş olarak servis yapın ve enfes Karışık Berry Eklerlerinizin tadını çıkarın!

36.Ahududu ve Limonlu Beze Ekleri

İÇİNDEKİLER:
CHOUX PASTA İÇİN:
- 1 bardak su
- 1/2 su bardağı tuzsuz tereyağı
- 1 fincan çok amaçlı un
- 1/2 çay kaşığı tuz
- 1 yemek kaşığı şeker
- 4 büyük yumurta

AHUDUDU DOLGUSU İÇİN:
- 1 su bardağı taze ahududu
- 1/4 su bardağı toz şeker
- 1 yemek kaşığı limon suyu

LİMONLU LOR İÇİN:
- 3 büyük limon, kabuğu rendesi ve suyu
- 1 su bardağı toz şeker
- 4 büyük yumurta
- 1/2 su bardağı tuzsuz tereyağı, küp şeklinde

BEZE TOPLAM İÇİN:
- 4 yumurta akı
- 1 su bardağı toz şeker
- 1 çay kaşığı vanilya özü

TALİMATLAR:
PASTA HAMURU:
a) Fırınınızı 220°C'ye (425°F) önceden ısıtın. Bir fırın tepsisini parşömen kağıdıyla hizalayın.
b) Orta ateşteki bir tencerede su, tereyağı, tuz ve şekeri birleştirin. Kaynatın.
c) Ateşten alın ve bir hamur oluşuncaya kadar unu hızla karıştırın.
ç) Tavayı tekrar kısık ateşe alın ve hamurun kuruması için sürekli karıştırarak 1-2 dakika pişirin.
d) Hamuru geniş bir karıştırma kabına aktarın. Birkaç dakika soğumaya bırakın.
e) Yumurtaları teker teker ekleyin, her eklemeden sonra hamur pürüzsüz ve parlak oluncaya kadar iyice çırpın.
f) Hamuru büyük yuvarlak uçlu sıkma torbasına aktarın. Hazırlanan fırın tepsisine 4 inç uzunluğunda şeritler sıkın.

g) 425°F sıcaklıkta 15 dakika pişirin, ardından sıcaklığı 190°C'ye (375°F) düşürün ve 20 dakika daha veya altın kahverengi olana kadar pişirin. Tamamen soğumaya bırakın.

AHUDUDU DOLGUSU:
ğ) Bir tencerede ahududu, şeker ve limon suyunu birleştirin.
h) Ahududular parçalanıp karışım koyulaşana kadar orta ateşte pişirin.
ı) Isıdan çıkarın ve soğumaya bırakın.

LİMON LORD:
i) Isıya dayanıklı bir kapta limon kabuğu rendesini, limon suyunu, şekeri ve yumurtaları çırpın.
j) Kaseyi kaynayan su dolu bir tencerenin üzerine yerleştirin, kasenin tabanının suya değmemesine dikkat edin.
k) Karışım koyulaşana kadar sürekli çırpın.
l) Ateşten alın ve küp tereyağında pürüzsüz hale gelinceye kadar çırpın.
m) Katı maddeleri çıkarmak için loru süzün. Soğumaya bırakın.

BEZE TOPLAM:
n) Temiz ve kuru bir kapta yumurta aklarını yumuşak tepeler oluşuncaya kadar çırpın.
o) Sert zirveler oluşana kadar çırpmaya devam ederken yavaş yavaş şeker ekleyin.
ö) Vanilya ekstraktını yavaşça katlayın.

TOPLANTI:
p) Soğutulmuş her pastayı yatay olarak ikiye bölün.
r) Her eklerin alt yarısına kaşıkla veya limonlu kremayı sıkın.
s) Limonlu lorun üzerine ahududu dolgusunu kaşıkla dökün.
ş) Eklerin üst yarısını dolgunun üzerine yerleştirin.
t) Her eklerin üzerine pipo veya kaşıkla beze sürün.
u) Bezeyi hafifçe kızartmak için bir mutfak lambası kullanın veya eklerleri birkaç saniye boyunca piliç altına yerleştirin.
ü) Soğutulmuş olarak servis yapın ve her lokmada ahududu, limon ve bezenin enfes kombinasyonunun tadını çıkarın!

37.Ahududu ve Sütlü Çikolata Eklerleri

İÇİNDEKİLER:

CHOUX PASTA İÇİN:
- 1 bardak su
- 1/2 su bardağı tuzsuz tereyağı
- 1 fincan çok amaçlı un
- 1/2 çay kaşığı tuz
- 1 yemek kaşığı şeker
- 4 büyük yumurta

AHUDUDU DOLGUSU İÇİN:
- 1 su bardağı taze ahududu
- 1/4 su bardağı toz şeker
- 1 yemek kaşığı limon suyu

SÜTLÜ ÇİKOLATA GANAŞI İÇİN:
- 200 gr sütlü çikolata, ince doğranmış
- 1 bardak ağır krema

TALİMATLAR:

PASTA HAMURU:

a) Fırınınızı 220°C'ye (425°F) önceden ısıtın. Bir fırın tepsisini parşömen kağıdıyla hizalayın.
b) Orta ateşteki bir tencerede su, tereyağı, tuz ve şekeri birleştirin. Kaynatın.
c) Ateşten alın ve bir hamur oluşuncaya kadar unu hızla karıştırın.
ç) Tavayı tekrar kısık ateşe alın ve hamurun kuruması için sürekli karıştırarak 1-2 dakika pişirin.
d) Hamuru geniş bir karıştırma kabına aktarın. Birkaç dakika soğumaya bırakın.
e) Yumurtaları teker teker ekleyin, her eklemeden sonra hamur pürüzsüz ve parlak oluncaya kadar iyice çırpın.
f) Hamuru büyük yuvarlak uçlu sıkma torbasına aktarın. Hazırlanan fırın tepsisine 4 inç uzunluğunda şeritler sıkın.
g) 425°F sıcaklıkta 15 dakika pişirin, ardından sıcaklığı 190°C'ye (375°F) düşürün ve 20 dakika daha veya altın kahverengi olana kadar pişirin. Tamamen soğumaya bırakın.

AHUDUDU DOLGUSU:

ğ) Bir tencerede ahududu, şeker ve limon suyunu birleştirin.

h) Ahududular parçalanıp karışım koyulaşana kadar orta ateşte pişirin.
ı) Isıdan çıkarın ve soğumaya bırakın.

SÜTLÜ ÇİKOLATA GANAŞ:
i) İnce doğranmış sütlü çikolatayı ısıya dayanıklı bir kaseye koyun.
j) Bir tencerede ağır kremayı kaynamaya başlayıncaya kadar ısıtın.
k) Sıcak kremayı çikolatanın üzerine dökün ve bir dakika bekletin.
l) Pürüzsüz ve parlak olana kadar karıştırın. Biraz soğumaya bırakın.

TOPLANTI:
m) Soğutulmuş her pastayı yatay olarak ikiye bölün.
n) Her eklerin alt yarısına kaşıkla veya pipetle ahududu dolgusu yapın.
o) Eklerin üst yarısını dolgunun üzerine yerleştirin.
ö) Her bir eklerin üst kısmını sütlü çikolatalı ganajın içine batırın veya ganajı üstüne kaşıkla dökün.
p) Ganajın birkaç dakika beklemesine izin verin.
r) İsteğe bağlı: Dekoratif bir dokunuş için üstüne ekstra ganaj dökün.
s) Bu enfes eklerlerde tatlı sütlü çikolata ve ekşi ahududuların nefis kombinasyonunu servis edin ve tadını çıkarın!

38.Kırmızı Kadife Çikolatalı Ahududu Ekleri

İÇİNDEKİLER:
PASTA HAMURU:
- 1 bardak su
- 1/2 su bardağı tuzsuz tereyağı
- 1 fincan çok amaçlı un
- 1 yemek kaşığı kakao tozu
- 1/4 çay kaşığı tuz
- 4 büyük yumurta

KIRMIZI KADİFE ÇİKOLATALI PASTA KREMASI:
- 500 mi süt
- 120 gr şeker
- 50 gr sade un
- 60 gr kakao tozu
- 120 gr yumurta sarısı (yaklaşık 6 yumurta)
- kırmızı gıda boyası

ÇİKOLATA AHUDUDU GANAŞ:
- 200 ml ağır krema
- 200 gr bitter çikolata
- Ahududu özü veya püresi

TALİMATLAR:
PASTA HAMURU:

a) Fırınınızı önceden 200°C'ye (180°C fanlı) ısıtın ve fırın tepsisini parşömen kağıdıyla kaplayın.

b) Bir tencerede su, tereyağı, kakao tozu ve tuzu birleştirin. Orta ateşte kaynatın.

c) Unu bir kerede ekleyin, pürüzsüz bir hamur oluşana kadar kuvvetlice karıştırın. 1-2 dakika daha karıştırarak pişirmeye devam edin.

ç) Hamuru bir karıştırma kabına aktarın ve biraz soğumasını bekleyin.

d) Yumurtaları teker teker ekleyin, her eklemeden sonra iyice çırpın, hamur pürüzsüz ve parlak oluncaya kadar.

e) Choux hamurunu sıkma torbasına aktarın ve hazırlanan tepsiye éclair şekilleri vererek sıkın.

f) Altın kahverengi olana ve kabarıncaya kadar pişirin. Soğumaya bırakın.

KIRMIZI KADİFE ÇİKOLATALI PASTA KREMASI:

g) Sütü bir tencerede ılık olana kadar fakat kaynatmayacak şekilde ısıtın.
ğ) Bir kapta şekeri, unu ve kakao tozunu birlikte çırpın.
h) Kuru malzemeleri yavaş yavaş ılık süte ekleyin ve topaklanmayı önlemek için sürekli çırpın.
ı) Ayrı bir kapta yumurta sarılarını çırpın. Sıcak süt karışımından bir kepçe yumurta sarılarına yavaş yavaş ve sürekli çırparak ekleyin.
i) Yumurta sarısı karışımını tekrar tencereye dökün ve pastacı kreması koyulaşana kadar pişirmeye devam edin.
j) Ateşten alın, istenilen renk elde edilene kadar kırmızı gıda boyası ekleyin ve soğumaya bırakın.

ÇİKOLATA AHUDUDU GANAŞ:

k) Ağır kremayı bir tencerede kaynamaya başlayana kadar ısıtın.
l) Sıcak kremayı bitter çikolatanın üzerine dökün. Bir dakika bekletin, sonra pürüzsüz hale gelinceye kadar karıştırın.
m) Ahududu aromasını aşılamak için çikolata ganajına ahududu özü veya püresi ekleyin.

TOPLANTI:

n) Soğuyan eklerleri yatay olarak ikiye bölün.
o) Sıkma torbasını kırmızı kadife çikolatalı pasta kremasıyla doldurun ve her eklerin alt yarısına sıkın.
ö) Her bir eklerin üst kısmını çikolatalı ahududu ganajına batırın ve fazlasının damlamasını sağlayın.
p) Ganajın donması için çikolataya batırılmış eklerleri tel ızgara üzerine yerleştirin.
r) İsteğe bağlı olarak, ekstra çöküntü için üstüne ilave ganaj gezdirin.

39.Muz Kremalı Pasta Eklerleri

İÇİNDEKİLER:
KABUKLAR İÇİN:
- 1/2 su bardağı (115g) tuzsuz tereyağı
- 1 yemek kaşığı şeker
- 1/4 çay kaşığı tuz
- 1 su bardağı (125g) çok amaçlı un
- 4 büyük yumurta oda sıcaklığında

İÇİN :
- 2 bardak (480ml) tam yağlı süt (%2'si de işe yarayacaktır)
- 1/3 su bardağı (65 gr) şeker
- 3 yumurta sarısı
- 3 ½ yemek kaşığı mısır nişastası
- 1 yemek kaşığı saf vanilya özü
- 1 yemek kaşığı vanilya fasulyesi ezmesi
- 1/4 çay kaşığı koşer tuzu
- 1/2 bardak ağır krem şanti
- 2 muz

ÇİKOLATA GANAŞI İÇİN :
- 1/2 bardak (120ml) ağır krem şanti
- 1 su bardağı (175g) yarı tatlı çikolata parçaları
- 1 yemek kaşığı tuzsuz tereyağı, yumuşatılmış (isteğe bağlı)

TALİMATLAR:
a) Fırını 375°F'ye (190°C) önceden ısıtın.

PASTA KABUKLARINI YAPIN:

b) Bir tencerede su, tereyağı, şeker ve tuzu kaynatın. Un ekleyin, bir hamur topu oluşana kadar karıştırın. Hafif bir kabuk oluşana kadar 3-4 dakika karıştırın.

c) Hamuru bir karıştırma kabına aktarın, oda sıcaklığına soğutun. Yumurtaları teker teker ekleyin ve her eklemeden sonra iyice çırpın. Hamur pürüzsüz ve şerit benzeri olmalıdır.

ç) Hamuru 4 inçlik şeritler halinde sıkın ve kabarıp altın rengi kahverengi olana kadar 30-35 dakika pişirin. Eklerleri soğuduktan sonra yatay olarak ikiye bölün.

Pudingi Yapın:

d) Sütü bir tencerede kaynatın. Bir kapta yumurta sarısını, şekeri, mısır nişastasını, vanilya özütünü, vanilya çekirdeği ezmesini

ve tuzu çırpın. Yumurta karışımını yumuşatmak için yavaş yavaş haşlanmış süt ekleyin.
e) Orta ateşte sürekli karıştırarak koyulaşana kadar pişirin. Bir süzgeçten geçirin ve soğutun.
f) Ağır kremayı sert zirveler oluşana kadar çırpın. Soğutulmuş pudingin içine katlayın.

BİRLEŞTİRİN :
g) Muz dilimlerini éclair kabuklarının alt yarısına yerleştirin.
ğ) Doldurmayı sıkın ve kabukların üstünü değiştirin.
h) Ağır kremayı kaynama noktasına getirin. Çikolata parçacıklarını üzerine dökün, 2 dakika bekletin ve pürüzsüz hale gelinceye kadar karıştırın. Parlatmak için tereyağını karıştırın.
ı) Eklerlerin üzerine çikolatalı ganajı döküp servis yapın.
i) Montajlı eklerler buzdolabında 2 güne kadar saklanabilir.
j) Keyifli bir ikram için bu Muzlu Kremalı Pasta Eklerlerinin çöküşünün keyfini çıkarın!

40.Çilekli Kremalı Ekler

İÇİNDEKİLER:
CHOUX PASTA İÇİN:
- 1 bardak su
- 1/2 su bardağı tuzsuz tereyağı
- 1 fincan çok amaçlı un
- 4 büyük yumurta

DOLGU İÇİN:
- 2 su bardağı krem şanti
- 1 su bardağı taze çilek, doğranmış

GLAZÜR İÇİN:
- 1/2 bardak beyaz çikolata, doğranmış
- 1/4 su bardağı tuzsuz tereyağı
- 1 su bardağı pudra şekeri
- 1/4 su bardağı sıcak su

TALİMATLAR:
PASTA HAMURU:
a) Fırınınızı önceden 375°F'ye (190°C) ısıtın ve fırın tepsisini parşömen kağıdıyla kaplayın.
b) Bir tencerede su ve tereyağını birleştirin. Tereyağı eriyene ve karışım kaynayana kadar orta ateşte ısıtın.
c) Ateşten alın, unu ekleyin ve karışım bir top oluşana kadar kuvvetlice karıştırın.
ç) Hamuru birkaç dakika soğumaya bırakın, ardından yumurtaları birer birer ekleyin ve her eklemeden sonra iyice çırpın.
d) Hamuru sıkma torbasına aktarın ve hazırlanan fırın tepsisine eklerleri sıkın.
e) Yaklaşık 30 dakika veya altın rengi kahverengi olana kadar pişirin. Soğumaya bırakın.

DOLGU:
f) Kremayı sert zirveler oluşuncaya kadar çırpın.
g) Doğranmış çilekleri yavaşça katlayın.
ğ) Eklerler soğuduktan sonra çilekli krema karışımıyla doldurun.

SIR:
h) Isıya dayanıklı bir kapta beyaz çikolatayı ve tereyağını benmari usulü eritin.

ı) Ateşten alın, pudra şekeri ekleyin ve yavaş yavaş sıcak suyla pürüzsüz hale gelinceye kadar karıştırın.
i) Her bir eklerin üst kısmını beyaz çikolata sosuna batırın ve fazlasının damlamasını sağlayın.
j) Soğutulmuş olarak servis yapın ve ferahlatıcı Çilekli Kremalı Eklerlerin tadını çıkarın!

41. Mango Passionfruit Eklerleri

İÇİNDEKİLER:
CHOUX PASTA İÇİN:
- 1 bardak su
- 1/2 su bardağı tuzsuz tereyağı
- 1 fincan çok amaçlı un
- 4 büyük yumurta

DOLGU İÇİN:
- 2 bardak mango çarkıfelek meyvesi köpüğü

GLAZÜR İÇİN:
- 1/2 bardak beyaz çikolata, doğranmış
- 1/4 su bardağı tuzsuz tereyağı
- 1 su bardağı pudra şekeri
- 1/4 su bardağı sıcak su

TALİMATLAR:
PASTA HAMURU:
a) Fırınınızı önceden 375°F'ye (190°C) ısıtın ve fırın tepsisini parşömen kağıdıyla kaplayın.
b) Bir tencerede su ve tereyağını birleştirin. Tereyağı eriyene ve karışım kaynayana kadar orta ateşte ısıtın.
c) Ateşten alın, unu ekleyin ve karışım bir top oluşana kadar kuvvetlice karıştırın.
ç) Hamuru birkaç dakika soğumaya bırakın, ardından yumurtaları birer birer ekleyin ve her eklemeden sonra iyice çırpın.
d) Hamuru sıkma torbasına aktarın ve hazırlanan fırın tepsisine eklerleri sıkın.
e) Yaklaşık 30 dakika veya altın rengi kahverengi olana kadar pişirin. Soğumaya bırakın.

DOLGU:
f) Olgun mangoları, çarkıfelek meyvesi posasını ve çırpılmış kremayı pürüzsüz hale gelinceye kadar karıştırarak mango çarkıfelek meyvesi köpüğü hazırlayın.
g) Choux böreği soğuduktan sonra, mango çarkıfelek meyvesi köpüğünü ortasına enjekte ederek veya yayarak eklerleri doldurun.

SIR:

ğ) Isıya dayanıklı bir kapta beyaz çikolatayı ve tereyağını benmari usulü eritin.
h) Ateşten alın, pudra şekeri ekleyin ve yavaş yavaş sıcak suyla pürüzsüz hale gelinceye kadar karıştırın.
ı) Her bir eklerin üst kısmını beyaz çikolata sosuna batırın ve fazlasının damlamasını sağlayın.
i) Soğutulmuş olarak servis yapın ve Mango Passionfruit Éclairs'in tropikal lezzetlerinin tadını çıkarın!

42.Limonlu Yabanmersinli Ekler

İÇİNDEKİLER:
CHOUX PASTA İÇİN:
- 1 bardak su
- 1/2 su bardağı tuzsuz tereyağı
- 1 fincan çok amaçlı un
- 4 büyük yumurta

DOLGU İÇİN:
- 2 su bardağı limon aromalı pastacı kreması
- 1 su bardağı taze yaban mersini

GLAZÜR İÇİN:
- 1/2 bardak beyaz çikolata, doğranmış
- 1/4 su bardağı tuzsuz tereyağı
- 1 su bardağı pudra şekeri
- 1/4 su bardağı sıcak su

TALİMATLAR:
PASTA HAMURU:
a) Fırınınızı önceden 375°F'ye (190°C) ısıtın ve fırın tepsisini parşömen kağıdıyla kaplayın.
b) Bir tencerede su ve tereyağını birleştirin. Tereyağı eriyene ve karışım kaynayana kadar orta ateşte ısıtın.
c) Ateşten alın, unu ekleyin ve karışım bir top oluşana kadar kuvvetlice karıştırın.
ç) Hamuru birkaç dakika soğumaya bırakın, ardından yumurtaları birer birer ekleyin ve her eklemeden sonra iyice çırpın.
d) Hamuru sıkma torbasına aktarın ve hazırlanan fırın tepsisine eklerleri sıkın.
e) Yaklaşık 30 dakika veya altın rengi kahverengi olana kadar pişirin. Soğumaya bırakın.

DOLGU:
f) Eklerlerin içini limon aromalı pastacı kremasıyla doldurun.
g) Taze yaban mersinlerini kremanın üzerine serpin.

SIR:
ğ) Isıya dayanıklı bir kapta beyaz çikolatayı ve tereyağını benmari usulü eritin.
h) Ateşten alın, pudra şekeri ekleyin ve yavaş yavaş sıcak suyla pürüzsüz hale gelinceye kadar karıştırın.
ı) Her bir eklerin üst kısmını beyaz çikolata sosuna batırın ve fazlasının damlamasını sağlayın.
i) Soğutulmuş olarak servis yapın ve Lemon Blueberry Éclairs'in lezzetli ve meyveli lezzetinin tadını çıkarın!

43.Ahududu Bademli Ekler

İÇİNDEKİLER:
CHOUX PASTA İÇİN:
- 1 bardak su
- 1/2 su bardağı tuzsuz tereyağı
- 1 fincan çok amaçlı un
- 4 büyük yumurta

DOLGU İÇİN:
- 2 su bardağı badem aromalı pasta kreması
- 1 su bardağı taze ahududu

GLAZÜR İÇİN:
- 1/2 bardak beyaz çikolata, doğranmış
- 1/4 su bardağı tuzsuz tereyağı
- 1 su bardağı pudra şekeri
- 1/4 su bardağı sıcak su

TALİMATLAR:
PASTA HAMURU:
a) Fırınınızı önceden 375°F'ye (190°C) ısıtın ve fırın tepsisini parşömen kağıdıyla kaplayın.
b) Bir tencerede su ve tereyağını birleştirin. Tereyağı eriyene ve karışım kaynayana kadar orta ateşte ısıtın.
c) Ateşten alın, unu ekleyin ve karışım bir top oluşana kadar kuvvetlice karıştırın.
ç) Hamuru birkaç dakika soğumaya bırakın, ardından yumurtaları birer birer ekleyin ve her eklemeden sonra iyice çırpın.
d) Hamuru sıkma torbasına aktarın ve hazırlanan fırın tepsisine eklerleri sıkın.
e) Yaklaşık 30 dakika veya altın rengi kahverengi olana kadar pişirin. Soğumaya bırakın.

DOLGU:
f) Eklerlerin içini badem aromalı pastacı kremasıyla doldurun.
g) Kremanın üzerine taze ahududuları yerleştirin.

SIR:
ğ) Isıya dayanıklı bir kapta beyaz çikolatayı ve tereyağını benmari usulü eritin.
h) Ateşten alın, pudra şekeri ekleyin ve yavaş yavaş sıcak suyla pürüzsüz hale gelinceye kadar karıştırın.
ı) Her bir eklerin üst kısmını beyaz çikolata sosuna batırın ve fazlasının damlamasını sağlayın.
i) Soğutulmuş olarak servis yapın ve bu Eklerlerde badem ve ahudududan oluşan enfes kombinasyonun tadını çıkarın!

44.Ananaslı Hindistan Cevizli Ekler

İÇİNDEKİLER:
CHOUX PASTA İÇİN:
- 1 bardak su
- 1/2 su bardağı tuzsuz tereyağı
- 1 fincan çok amaçlı un
- 4 büyük yumurta

DOLGU İÇİN:
- 2 su bardağı hindistan cevizi kreması
- 1 su bardağı taze ananas, doğranmış

GLAZÜR İÇİN:
- 1/2 bardak beyaz çikolata, doğranmış
- 1/4 su bardağı tuzsuz tereyağı
- 1 su bardağı pudra şekeri
- 1/4 su bardağı sıcak su

TALİMATLAR:
PASTA HAMURU:
a) Fırınınızı önceden 375°F'ye (190°C) ısıtın ve fırın tepsisini parşömen kağıdıyla kaplayın.
b) Bir tencerede su ve tereyağını birleştirin. Tereyağı eriyene ve karışım kaynayana kadar orta ateşte ısıtın.
c) Ateşten alın, unu ekleyin ve karışım bir top oluşana kadar kuvvetlice karıştırın.
ç) Hamuru birkaç dakika soğumaya bırakın, ardından yumurtaları birer birer ekleyin ve her eklemeden sonra iyice çırpın.
d) Hamuru sıkma torbasına aktarın ve hazırlanan fırın tepsisine eklerleri sıkın.
e) Yaklaşık 30 dakika veya altın rengi kahverengi olana kadar pişirin. Soğumaya bırakın.

DOLGU:
f) Eklerleri Hindistan cevizi kremasıyla doldurun.
g) Kremayı doğranmış taze ananasla doldurun.

SIR:
ğ) Isıya dayanıklı bir kapta beyaz çikolatayı ve tereyağını benmari usulü eritin.
h) Ateşten alın, pudra şekeri ekleyin ve yavaş yavaş sıcak suyla pürüzsüz hale gelinceye kadar karıştırın.
ı) Her bir eklerin üst kısmını beyaz çikolata sosuna batırın ve fazlasının damlamasını sağlayın.
i) Soğutulmuş olarak servis yapın ve Ananaslı Hindistan Cevizli Eklerlerin tropik lezzetinin tadını çıkarın!

45. Karışık Meyve ve Limon Kabuğu Ekleri

İÇİNDEKİLER:
CHOUX PASTA İÇİN:
- 1 bardak su
- 1/2 su bardağı tuzsuz tereyağı
- 1 fincan çok amaçlı un
- 4 büyük yumurta

DOLGU İÇİN:
- 2 su bardağı karışık meyve kompostosu (çilek, yaban mersini, ahududu)
- Garnitür için limon kabuğu rendesi

GLAZÜR İÇİN:
- 1/2 bardak beyaz çikolata, doğranmış
- 1/4 su bardağı tuzsuz tereyağı
- 1 su bardağı pudra şekeri
- 1/4 su bardağı sıcak su

TALİMATLAR:
PASTA HAMURU:
a) Fırınınızı önceden 375°F'ye (190°C) ısıtın ve fırın tepsisini parşömen kağıdıyla kaplayın.
b) Bir tencerede su ve tereyağını birleştirin. Tereyağı eriyene ve karışım kaynayana kadar orta ateşte ısıtın.
c) Ateşten alın, unu ekleyin ve karışım bir top oluşana kadar kuvvetlice karıştırın.
ç) Hamuru birkaç dakika soğumaya bırakın, ardından yumurtaları birer birer ekleyin ve her eklemeden sonra iyice çırpın.
d) Hamuru sıkma torbasına aktarın ve hazırlanan fırın tepsisine eklerleri sıkın.
e) Yaklaşık 30 dakika veya altın rengi kahverengi olana kadar pişirin. Soğumaya bırakın.

DOLGU:
f) Eklerleri çilek, yaban mersini ve ahudududan oluşan karışık meyve kompostosuyla doldurun.
g) Lezzetli bir dokunuş için limon kabuğu rendesi ile süsleyin.

SIR:
ğ) Isıya dayanıklı bir kapta beyaz çikolatayı ve tereyağını benmari usulü eritin.

h) Ateşten alın, pudra şekeri ekleyin ve yavaş yavaş sıcak suyla pürüzsüz hale gelinceye kadar karıştırın.
ı) Her bir eklerin üst kısmını beyaz çikolata sosuna batırın ve fazlasının damlamasını sağlayın.
i) Soğuk servis yapın ve bu Karışık Meyve ve Limon Kabuğu Eklerlerinde meyve aromalarının tadını çıkarın!

46.Şeftali Zencefilli Ekler

İÇİNDEKİLER:
CHOUX PASTA İÇİN:
- 1 bardak su
- 1/2 su bardağı tuzsuz tereyağı
- 1 fincan çok amaçlı un
- 4 büyük yumurta

DOLGU İÇİN:
- 2 su bardağı şeftali aromalı pasta kreması
- 1 su bardağı taze şeftali, doğranmış
- 1 çay kaşığı taze zencefil, rendelenmiş

GLAZÜR İÇİN:
- 1/2 bardak beyaz çikolata, doğranmış
- 1/4 su bardağı tuzsuz tereyağı
- 1 su bardağı pudra şekeri
- 1/4 su bardağı sıcak su

TALİMATLAR:
PASTA HAMURU:
a) Fırınınızı önceden 375°F'ye (190°C) ısıtın ve fırın tepsisini parşömen kağıdıyla kaplayın.
b) Bir tencerede su ve tereyağını birleştirin. Tereyağı eriyene ve karışım kaynayana kadar orta ateşte ısıtın.
c) Ateşten alın, unu ekleyin ve karışım bir top oluşana kadar kuvvetlice karıştırın.
ç) Hamuru birkaç dakika soğumaya bırakın, ardından yumurtaları birer birer ekleyin ve her eklemeden sonra iyice çırpın.
d) Hamuru sıkma torbasına aktarın ve hazırlanan fırın tepsisine eklerleri sıkın.
e) Yaklaşık 30 dakika veya altın rengi kahverengi olana kadar pişirin. Soğumaya bırakın.

DOLGU:
f) Eklerlerin içini şeftali aromalı pastacı kremasıyla doldurun.
g) Doğranmış taze şeftalileri ve rendelenmiş zencefili karıştırıp kremanın üzerine yerleştirin.

SIR:
ğ) Isıya dayanıklı bir kapta beyaz çikolatayı ve tereyağını benmari usulü eritin.

h) Ateşten alın, pudra şekeri ekleyin ve yavaş yavaş sıcak suyla pürüzsüz hale gelinceye kadar karıştırın.
ı) Her bir eklerin üst kısmını beyaz çikolata sosuna batırın ve fazlasının damlamasını sağlayın.
i) Soğutulmuş olarak servis yapın ve bu Eclair'lerde şeftali ve zencefilin eşsiz kombinasyonunun tadını çıkarın!

47.Böğürtlen Limonlu Ekler

İÇİNDEKİLER:
CHOUX PASTA İÇİN:
- 1 bardak su
- 1/2 su bardağı tuzsuz tereyağı
- 1 fincan çok amaçlı un
- 4 büyük yumurta

DOLGU İÇİN:
- 2 su bardağı limon aromalı pastacı kreması
- 1 su bardağı taze böğürtlen

GLAZÜR İÇİN:
- 1/2 bardak beyaz çikolata, doğranmış
- 1/4 su bardağı tuzsuz tereyağı
- 1 su bardağı pudra şekeri
- 1/4 su bardağı sıcak su

TALİMATLAR:
PASTA HAMURU:
a) Fırınınızı önceden 375°F'ye (190°C) ısıtın ve fırın tepsisini parşömen kağıdıyla kaplayın.
b) Bir tencerede su ve tereyağını birleştirin. Tereyağı eriyene ve karışım kaynayana kadar orta ateşte ısıtın.
c) Ateşten alın, unu ekleyin ve karışım bir top oluşana kadar kuvvetlice karıştırın.
ç) Hamuru birkaç dakika soğumaya bırakın, ardından yumurtaları birer birer ekleyin ve her eklemeden sonra iyice çırpın.
d) Hamuru sıkma torbasına aktarın ve hazırlanan fırın tepsisine eklerleri sıkın.
e) Yaklaşık 30 dakika veya altın rengi kahverengi olana kadar pişirin. Soğumaya bırakın.

DOLGU:
f) Eklerlerin içini limon aromalı pastacı kremasıyla doldurun.
g) Kremayı taze böğürtlenlerle doldurun.

SIR:
ğ) Isıya dayanıklı bir kapta beyaz çikolatayı ve tereyağını benmari usulü eritin.
h) Ateşten alın, pudra şekeri ekleyin ve yavaş yavaş sıcak suyla pürüzsüz hale gelinceye kadar karıştırın.
ı) Her bir eklerin üst kısmını beyaz çikolata sosuna batırın ve fazlasının damlamasını sağlayın.
i) Soğutulmuş olarak servis yapın ve Blackberry Limonlu Eklerlerin ferahlatıcı tadının tadını çıkarın!

48.Kivi Hindistan Cevizli Ekler

İÇİNDEKİLER:

CHOUX PASTA İÇİN:
- 1 bardak su
- 1/2 su bardağı tuzsuz tereyağı
- 1 fincan çok amaçlı un
- 4 büyük yumurta

DOLGU İÇİN:
- 2 su bardağı hindistan cevizi kreması
- 1 bardak taze kivi, dilimlenmiş

GLAZÜR İÇİN:
- 1/2 bardak beyaz çikolata, doğranmış
- 1/4 su bardağı tuzsuz tereyağı
- 1 su bardağı pudra şekeri
- 1/4 su bardağı sıcak su

TALİMATLAR:

PASTA HAMURU:

a) Fırınınızı önceden 375°F'ye (190°C) ısıtın ve fırın tepsisini parşömen kağıdıyla kaplayın.

b) Bir tencerede su ve tereyağını birleştirin. Tereyağı eriyene ve karışım kaynayana kadar orta ateşte ısıtın.

c) Ateşten alın, unu ekleyin ve karışım bir top oluşana kadar kuvvetlice karıştırın.

ç) Hamuru birkaç dakika soğumaya bırakın, ardından yumurtaları birer birer ekleyin ve her eklemeden sonra iyice çırpın.

d) Hamuru sıkma torbasına aktarın ve hazırlanan fırın tepsisine eklerleri sıkın.

e) Yaklaşık 30 dakika veya altın rengi kahverengi olana kadar pişirin. Soğumaya bırakın.

DOLGU:

f) Eklerleri Hindistan cevizi kremasıyla doldurun.

g) Kremanın üzerine taze kivi dilimlerini dizin.

SIR:

ğ) Isıya dayanıklı bir kapta beyaz çikolatayı ve tereyağını benmari usulü eritin.

h) Ateşten alın, pudra şekeri ekleyin ve yavaş yavaş sıcak suyla pürüzsüz hale gelinceye kadar karıştırın.

ı) Her bir eklerin üst kısmını beyaz çikolata sosuna batırın ve fazlasının damlamasını sağlayın.

i) Soğutulmuş olarak servis yapın ve Kivi Hindistan Cevizli Eklerlerin tropikal lezzetlerinin tadını çıkarın!

CEVİZLİ EKLER

49.Çikolatalı Bademli Acıbadem Kurabiyesi Ekleri

İÇİNDEKİLER:

EKLER HAMUR:
- 3 büyük yumurta, oda sıcaklığında
- 1/2 su bardağı su
- 4 1/2 yemek kaşığı tuzsuz tereyağı, 1/2-inç küpler halinde kesilmiş
- 1 1/2 yemek kaşığı toz şeker
- 3/4 su bardağı elenmiş çok amaçlı un
- 3 yemek kaşığı elenmiş şekersiz alkalize kakao tozu

BADEM-MAKARUN DOLGU:
- 2 su bardağı dövülmüş hindistan cevizi
- 1/2 su bardağı şekerli yoğunlaştırılmış süt
- 1/2 su bardağı kavrulmuş kıyılmış badem

ÇİKOLATA SOSU:
- 10 ons yarı tatlı çikolata, ince doğranmış
- 8 ons ağır krema
- 1 yemek kaşığı hafif mısır şurubu

TALİMATLAR:

EKLERLERİ YAPIN:

a) Fırını önceden 425 derece F'ye ısıtın. İki fırın tepsisini parşömen kağıdıyla kaplayın.
b) Bir cam ölçüm kabında yumurtaları karışana kadar karıştırın. Küçük bir bardağa 2 yemek kaşığı çırpılmış yumurta ayırın.
c) Bir tencerede su, tereyağı ve şekeri birleştirin. Tereyağı eriyene kadar ısıtın. Kaynatın, ardından ocaktan alın.
ç) Un ve kakaoyu pürüzsüz hale gelinceye kadar çırpın. Pürüzsüz bir top oluşana kadar sürekli karıştırarak ısıya dönün.
d) Macunu bir kaseye aktarın. Ayrılmış 1/2 bardak çırpılmış yumurtayı hamurun üzerine dökün ve pürüzsüz, yumuşak bir hamur oluşana kadar çırpın.
e) Pasta hamuruyla 5/16 inçlik düz uçlu bir hamur torbası doldurun. Hazırlanan fırın tepsisine şeritler halinde kesin.
f) Kalan çırpılmış yumurtayı eklerlerin üst kısmına sürün.
g) 10 dakika pişirin, ardından sıcaklığı 375 F'ye düşürün ve gevrek ve parlak olana kadar 20 ila 25 dakika pişirmeye devam edin. Tamamen soğutun.

BADEM-MAKARUN DOLGUSUNUN YAPILIŞI:

ğ) Bir kapta hindistan cevizini, şekerli yoğunlaştırılmış sütü ve bademleri birleştirin.
h) İyice birleşene kadar karıştırın.

ÇİKOLATA SIRASINI YAPIN:

ı) Çikolatayı orta boy bir kaseye koyun.
i) Kremayı ve mısır şurubunu bir tencerede hafif kaynayana kadar ısıtın. Çikolatayı üzerine dökün ve 30 saniye bekletin.
j) Pürüzsüz olana kadar çırpın.

EKLERLERİ BİRLEŞTİRİN VE SIRLAYIN:

k) Ekleri ikiye bölün ve nemli hamurları çıkarın.
l) Her bir ekleri yaklaşık 3 yemek kaşığı badem-acıbadem kurabiyesi dolgusu ile doldurun.
m) Her eklerin üstünü değiştirin.
n) Üç bademi çikolata sosuna batırın ve her eklerin üstüne yerleştirin.
o) 2 dakika bekletin, ardından kremayı eklerlerin üzerine, üstünü ve yanlarını kaplayacak şekilde yavaşça dökün.
ö) Servis yapmaya hazır olana kadar soğutun.
p) Bu enfes Çikolatalı Bademli Acıbadem Kurabiyesi Eklerlerinin tadını çıkarın!

50.Fıstıklı Limonlu Ekler

İÇİNDEKİLER:

LİMON ŞEKERİ İÇİN (İSTEĞE BAĞLI):
- 10 sunquat (mini limon)
- 2 bardak su
- 2 su bardağı şeker

Antep Fıstığı Ezmesi İçin:
- 60 gr kabuksuz antep fıstığı (kavrulmamış)
- 10 gr üzüm çekirdeği yağı

ANTEP FISTIĞI-LİMONLU MUSSELİN KREMASI İÇİN:
- 500 gr süt
- 2 limonun kabuğu rendesi
- 120 gr yumurta sarısı
- 120 gr şeker
- 40 gr mısır nişastası
- 30 gr fıstık ezmesi (veya mağazadan satın alındıysa 45 gr)
- 120 gr yumuşatılmış tereyağı (küp şeklinde kesilmiş)

FISTIKLI MARZİPAN İÇİN:
- 200 gr badem ezmesi
- 15 gr fıstık ezmesi
- Yeşil gıda boyası (jel)
- Bir miktar pudra şekeri

CHOUX BÖREĞİ İÇİN :
- 125 gr tereyağı
- 125 gr süt
- 125 gr su
- 5 gr şeker
- 5 gr tuz
- 140 gr un
- 220 gr yumurta

İÇİN :
- 200 g şekerleme nötr (nötr jöle sır)
- 100 gr su
- Yeşil gıda boyası (jel)

DEKORASYON İÇİN:
- Öğütülmüş fıstık

TALİMATLAR:
LİMON ŞEKERİ (İSTEĞE BAĞLI):
a) Bir buz banyosu (su ve buz içeren bir tencere) hazırlayın ve bir kenara koyun.
b) İnce limon dilimlerini kesmek için keskin bir bıçak kullanın. Tohumları atın.
c) Başka bir tencerede suyu kaynatın. Ateşten alın ve hemen limon dilimlerini sıcak suya ekleyin. Dilimler yumuşayana kadar karıştırın (yaklaşık bir dakika).
ç) Sıcak suyu bir süzgeçten geçirin, ardından limon dilimlerini bir saniyeliğine buz banyosuna koyun. Süzgeci kullanarak buzlu suyu dökün.
d) Yüksek ateşte büyük bir tencerede su ve şekeri birleştirin. Şeker eriyene kadar karıştırın, ardından kaynatın.
e) Isıyı orta dereceye düşürün ve maşa kullanarak limon dilimlerini suyun içinde yüzecek şekilde yerleştirin. Kabuk şeffaflaşana kadar, yaklaşık 1,5 saat, kısık ateşte pişirin.
f) Limonları maşa kullanarak çıkarın ve soğutma rafına yerleştirin. Limon dilimlerinden damlayan şurubu yakalamak için soğutma rafının altına bir parça pişirme kağıdı koyun.

Antep Fıstığı Ezmesi:
g) Fırını önceden 160°C'ye (320°F) ısıtın.
ğ) Antep fıstıklarını fırın tepsisinde yaklaşık 7 dakika, hafif kahverengileşene kadar kavurun. Soğumalarına izin verin.
h) Soğuyan antep fıstıklarını küçük bir mutfak robotunda toz haline getirin. Yağı ekleyip macun kıvamına gelinceye kadar tekrar öğütün. Kullanana kadar buzdolabında saklayın.
ı) Fıstıklı-Limonlu Mousseline Kreması:
i) Sütü kaynatın. Isıyı kapatın, limon kabuğu rendesini ekleyin, kapağını kapatın ve 10 dakika bekletin.
j) Bir kapta yumurta sarılarını ve şekeri birleştirin. Hemen çırpın, ardından mısır nişastasını ekleyip tekrar çırpın.
k) Çırpmaya devam ederken ılık sütü ekleyin. Karışımı bir süzgeçten geçirerek temiz bir tencereye dökün ve süzgeçte kalan limon kabuğu rendesini atın.
l) Orta ateşte ısıtın ve karışım koyulaşıp kremsi hale gelinceye kadar çırpın. Ateşten alın.

m) Kremayı fıstık ezmesinin bulunduğu kaseye aktarın. Üniforma kadar çırpın. Kabuğun oluşmasını önlemek için plastik ambalajla örtün ve soğutun.
n) Krema 40°C'ye (104°F) ulaştığında, yumuşatılmış tereyağını yavaş yavaş ekleyin ve iyice karıştırın. Plastik ambalajla örtün ve soğutun.

PASTA HAMURU:
o) Unu eleyin ve bir kenara koyun.
ö) Bir tencereye tereyağı, süt, su, şeker ve tuzu ekleyin. Tereyağı eriyene ve karışım kaynayana kadar orta-yüksek ateşte ısıtın.
p) Ateşten alın, hemen unu bir kerede ekleyin ve patates püresine benzeyen düzgün bir karışım oluşana kadar iyice karıştırın. Bu panade karışımı.
r) Tavayı, tencerenin kenarlarından çekilip donmaya başlayıncaya kadar bir spatula ile karıştırarak yaklaşık bir dakika kısık ateşte kurutun.
s) Panadı bir karıştırma kabına aktarın ve hafifçe soğutun. Ayrı bir kapta yumurtaları çırpın ve yavaş yavaş karıştırıcıya ekleyin, daha fazlasını eklemeden önce her eklemenin bir araya gelmesini bekleyin.
ş) Hamur pürüzsüz, parlak ve stabil hale gelinceye kadar düşük-orta hızda karıştırın.
t) Fırını önceden 250°C'ye (480°F) ısıtın. Fırın tepsisini parşömen kağıdıyla veya ince bir tabaka tereyağıyla kaplayın.
u) 12 cm uzunluğunda hamur şeritlerini tepsiye sıkın. Pişirme sırasında fırının kapağını açmayın.
ü) 15 dakika sonra fırının kapağını hafifçe (yaklaşık 1 cm) açarak buharın dışarı çıkmasını sağlayın. Kapatın ve sıcaklığı 170°C'ye (340°F) ayarlayın. Eklerler kahverengileşinceye kadar 20-25 dakika pişirin.
v) Kalan meyilli ile tekrarlayın.

FISTIKLI MARZİPAN:
y) Badem ezmesini küpler halinde kesin ve yumuşak ve homojen hale gelinceye kadar düz bir çırpıcıyla karıştırın. Antep fıstığı ezmesini ve yeşil gıda boyasını (istenirse) ekleyin ve homojen oluncaya kadar karıştırın.

z) Badem ezmesini 2 mm kalınlığında açın ve eklerlere uyacak şekilde şeritler kesin.

TOPLANTI:

aa) Her eklerin alt kısmına iki küçük delik açın.
bb) Her bir ekleri deliklerden fıstıklı-limonlu kremayla doldurun.
cc) Badem ezmesi şeritlerinin bir tarafına biraz sır sürün ve bunu eklerlere yapıştırın.
çç) Her bir ekleri sırın içine batırın ve fazla sırın damlamasını sağlayın.
dd) Şekerlenmiş limon dilimleri veya kıyılmış antep fıstığı ile süsleyin.
ee) Servis yapmaya hazır olana kadar buzdolabında saklayın.

51.Üzeri Fındıklı Akçaağaç Sırlı Eklerler

İÇİNDEKİLER:
ECLAIR KABUKLARI:
- 1/2 su bardağı süt
- 1/2 su bardağı su
- 2 yemek kaşığı beyaz toz şeker
- 1/4 çay kaşığı tuz (tuzlu tereyağı kullanıyorsanız bir tutam azaltın)
- 1/2 su bardağı tuzsuz tereyağı
- 1/2 çay kaşığı vanilya özü
- 1 1/4 su bardağı çok amaçlı un, kaşıklanmış ve düzleştirilmiş
- 4 büyük yumurta

SIR:
- 2/3 su bardağı pudra şekeri/şekerleme şekeri
- 3 yemek kaşığı akçaağaç şurubu

SÜSLEME:
- 1/2 su bardağı kıyılmış ceviz veya fındık
- Fleur de sel tuzunun serpilmesi

MASCARPONE ŞANTİ KREM:
- 1 bardak mascarpone
- 2/3 bardak ağır krem şanti
- 1/4 su bardağı beyaz şeker
- 2 yemek kaşığı akçaağaç şurubu

TALİMATLAR:
ECLAIR KABUKLARI İÇİN:

a) Fırını, raflar üst ve alt üçte birlik kısımda olacak şekilde 450°F'ye önceden ısıtın. İki fırın tepsisini parşömen kağıdıyla hizalayın.

b) Orta ateşte orta boy bir tencerede süt, su, şeker, tuz ve tereyağını birleştirin. Karışımı kaynatın, vanilyayı çırpın ve bir kerede unu ekleyin. Karışım tencerenin kenarından uzaklaşıncaya kadar karıştırın.

c) Isıyı en aza indirin ve nemi gidermek için yaklaşık 3 dakika boyunca sürekli karıştırarak pişirmeye devam edin. Ateşten alın ve bir karıştırma kabına veya stand mikserinin kasesine aktarın.

ç) Karışımı soğutmak için 2-3 dakika karıştırın. Yumurtaları teker teker ekleyin ve her eklemeden sonra iyice çırpın. Karışımı sıkma torbasına aktarıp 20 dakika dinlendirin.

d) Hamuru yaklaşık 5-6 inç uzunluğunda ve 1 inç genişliğinde kütüklere sıkın ve aralarında eşit boşluk bırakın. Daha sonra dilimlemek için kalınlığa ihtiyaç duyduklarından çok ince olmadıklarından emin olun.

e) Önceden ısıtılmış fırına yerleştirin ve HEMEN ISIYI 350°F'ye DÜŞÜRÜN. Altın, kabarık ve gevrek olana kadar 35-40 dakika pişirin. Bir raf üzerinde soğutun.

GLAZÜR İÇİN:

f) Sırlamadan önce eklerleri neredeyse tamamen kesin ve bir tarafta bir "menteşe" bırakın. Küçük bir kapta, ince bir sır oluşana kadar pudra şekerini akçaağaç şurubu ile birleştirin.

g) Pastanın üzerine sır sürün ve istenirse hemen kıyılmış ceviz ve bir tutam tuz serpin. Sır sertleşene kadar oda sıcaklığında bekletin.

DOLGU İÇİN:

ğ) Büyük bir kapta veya çırpma teli takılı bir stand mikserinin kasesinde mascarpone, krem şanti, şeker ve akçaağaç şurubunu birleştirin.

h) Karışım boru kıvamına gelinceye kadar çırpın. Sıkma torbasına koyun ve her bir ekleri doldurun. (Doldurma önceden yapılabilir, üzeri kapatılabilir, soğutulabilir ve servise daha yakın bir yere borularla bağlanabilir.)

ı) Doldurulmuş eklerler günün büyük bölümünde buzdolabında üstü açık halde kalır.

52.Ahududu Fıstıklı Ekler

İÇİNDEKİLER:
PATE-A-CHOUX HAMUR İÇİN:
- 1 bardak su
- 1/2 su bardağı tuzsuz tereyağı
- 1/4 çay kaşığı tuz
- 1 fincan çok amaçlı un
- 4 büyük yumurta

DOLGU İÇİN:
- 1 su bardağı kabuklu fıstık
- 1/2 bardak İrlanda kreması (Bailey's)
- Yeşil gıda rengi
- 8 oz. krem peynir, yumuşatılmış
- 1/2 su bardağı beyaz çikolata parçaları, eritilmiş
- 1 bardak ağır krema, soğutulmuş

GLAZÜR İÇİN:
- 1/2 bardak dondurularak kurutulmuş ahududu
- 1 su bardağı beyaz çikolata parçacıkları
- 1/2 bardak ağır krema
- 2 su bardağı taze ahududu

TALİMATLAR:
a) Fırını önceden 425F'ye ısıtın ve bir fırın tepsisini parşömen kağıdıyla hizalayın.
b) Yıldız uçlu bir pasta poşeti hazırlayın.

PATE-A-CHOUX HAMUR YAPIMI:
c) Bir tencerede su, tereyağı ve tuzu kaynatın.
ç) Unu ekleyin, yumuşak bir hamur oluşana kadar karıştırın. Soğutun, ardından yumurtaları birer birer ekleyin.
d) Günlükleri fırın tepsisine sıkın ve altın rengi olana kadar pişirin.

Ahududu Sırını Hazırlayın:
e) Dondurularak kurutulmuş ahududuları ezin ve tozu eleyin.
f) Beyaz çikolata ve kremayı birleştirin, pürüzsüz hale gelinceye kadar ısıtın.
g) Ahududu tozunu ekleyin, karıştırın ve sırın soğumasını bekleyin.

FISTIKLI KREMA DOLGUSUNUN HAZIRLANIŞI:

ğ) Antep fıstığını, İrlanda kremasını ve yeşil gıda boyasını püre haline gelinceye kadar karıştırın.

h) Bir kapta krem peyniri kabarıncaya kadar çırpın, ardından eritilmiş beyaz çikolata ve fıstık püresini ekleyin.

ı) Soğutulmuş ağır kremayı ekleyin ve sertleşene kadar çırpın.

BİRLEŞTİRİN :

i) Soğuyan eklerleri ikiye bölün. Alt kısmına fıstık kremasını sıkın, ahududuları ekleyin ve üst kısmını kapatın.

j) Her bir pastanın üst yarısını ahududu sosuna batırın.

k) Dondurularak kurutulmuş ahududu parçaları, beyaz çikolata sosu, kalan krema, taze ahududu veya fıstık parçalarıyla süsleyin.

l) Ekleri buzdolabında saklayın ve servis yapmadan 20 dakika önce çıkarın.

m) Her durum için mükemmel olan bu zarif eklerlerde ahududu ve antep fıstığının enfes kombinasyonunun tadını çıkarın!

53.Çikolatalı ve Fındıklı Eklerler

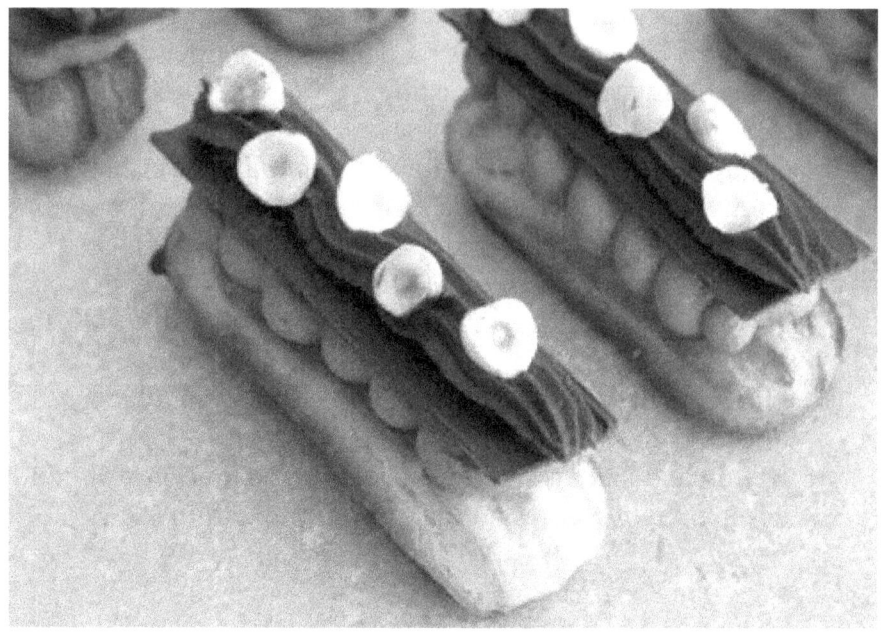

İÇİNDEKİLER:
CHOUX PASTA İÇİN:
- 1 bardak su
- 1/2 su bardağı tuzsuz tereyağı
- 1 fincan çok amaçlı un
- 1/2 çay kaşığı tuz
- 1 yemek kaşığı şeker
- 4 büyük yumurta

FINDIK KREMASI DOLGUSU İÇİN:
- 1 bardak ağır krema
- 1/4 su bardağı pudra şekeri
- 1 çay kaşığı vanilya özü
- 1/2 bardak fındık ezmesi (örneğin Nutella)

ÇİKOLATA GANAŞI İÇİN:
- 1 su bardağı yarı tatlı çikolata parçaları
- 1/2 bardak ağır krema
- 2 yemek kaşığı tuzsuz tereyağı

TALİMATLAR:
PASTA HAMURU:

a) Fırınınızı 220°C'ye (425°F) önceden ısıtın. Bir fırın tepsisini parşömen kağıdıyla hizalayın.

b) Orta ateşteki bir tencerede su, tereyağı, tuz ve şekeri birleştirin. Kaynatın.

c) Ateşten alın ve bir hamur oluşuncaya kadar unu hızla karıştırın.

ç) Tavayı tekrar kısık ateşe alın ve hamurun kuruması için sürekli karıştırarak 1-2 dakika pişirin.

d) Hamuru geniş bir karıştırma kabına aktarın. Birkaç dakika soğumaya bırakın.

e) Yumurtaları teker teker ekleyin, her eklemeden sonra hamur pürüzsüz ve parlak oluncaya kadar iyice çırpın.

f) Hamuru büyük yuvarlak uçlu sıkma torbasına aktarın. Hazırlanan fırın tepsisine 4 inç uzunluğunda şeritler sıkın.

g) 425°F sıcaklıkta 15 dakika pişirin, ardından sıcaklığı 190°C'ye (375°F) düşürün ve 20 dakika daha veya altın kahverengi olana kadar pişirin. Tamamen soğumaya bırakın.

FINDIK KREMASI DOLGU:
ğ) Bir karıştırma kabında ağır kremayı yumuşak tepeler oluşuncaya kadar çırpın.
h) Pudra şekeri ve vanilya özütünü ekleyin. Sert tepeler oluşuncaya kadar çırpmaya devam edin.
ı) İyice birleşene kadar fındık ezmesini yavaşça katlayın.

ÇİKOLATA GANACHE:
i) Çikolata parçacıklarını ısıya dayanıklı bir kaseye koyun.
j) Bir tencerede ağır kremayı kaynamaya başlayıncaya kadar ısıtın.
k) Sıcak kremayı çikolatanın üzerine dökün ve bir dakika bekletin.
l) Pürüzsüz olana kadar karıştırın, ardından tereyağını ekleyin ve eriyene kadar karıştırın.

TOPLANTI:
m) Soğutulmuş her pastayı yatay olarak ikiye bölün.
n) Fındık kremasını her eklerin alt yarısına kaşıkla veya pipetle dökün.
o) Eklerin üst yarısını dolgunun üzerine yerleştirin.
ö) Her bir pastanın üst kısmını çikolatalı ganajın içine batırın veya ganajı üstüne kaşıkla dökün.
p) Ganajın birkaç dakika beklemesine izin verin.
r) İsteğe göre üzerine süsleme amaçlı kıyılmış fındık serpebilirsiniz.
s) Bu Çikolatalı ve Fındıklı Eklerlerin her nefis lokmasında çikolata ve fındığın enfes ikilisini servis edin ve tadını çıkarın!

54.Fıstık Ezmeli Çikolatalı Eklerler

İÇİNDEKİLER:
EKLERLER İÇİN:
- 160ml. su
- 5 gram şeker
- 70 gram tereyağı
- 3 gram ince tuz
- 15 gram mısır nişastası
- 90 gram çok amaçlı un
- 2-3 yumurta çırpılmış

Fıstık ezmesi kreması için:
- 250ml. krema
- 100 gram pürüzsüz fıstık ezmesi
- 50 gram pudra şekeri

ÇİKOLATA GANAŞI İÇİN (HEM DALDIRMA HEM DE ÜSTÜ İÇİN):
- 250 gram bitter çikolata
- 250ml. krema
- Bir tutam tuz

DEKORASYON:
- 50-60 gram tuzlanmış yarıya kavrulmuş fıstık

TALİMATLAR:
EKLERLERİ YAPIN:
a) Fırını 180c dereceye kadar önceden ısıtın.
b) Orta boy bir tencereye su, tuz, şeker ve tereyağı koyun ve güçlü bir kaynamaya kadar ısıtın.
c) Mısır nişastasını ve unu ekleyin ve pişerken bir hamur parçası haline gelinceye kadar karıştırın.
ç) Hamuru, kürek aparatlı elektrikli karıştırıcının kasesine aktarın ve orta hızda, biraz soğuyana kadar 2-3 dakika karıştırın.
d) Hamur elastik ve pürüzsüz hale gelinceye kadar çırparken yumurtaları yavaş yavaş ekleyin.
e) Hamurun ortasında tahta kaşıkla bir "iz" oluşturarak hamurun hazır olup olmadığını kontrol edin - iz sabit kalırsa, biraz yumurta ekleyin ve biraz kapanırsa hamur hazırdır. Hamura çok fazla yumurta eklememek önemlidir, aksi halde yumuşayabilir ve bozulabilir.

f) Hamuru 2 cm'lik tırtıllı sıkma ucu takılmış bir sıkma torbasına aktarın. Pişirme kağıdıyla kaplı bir fırın tepsisine 8-10 cm uzunluğunda eklerler yerleştirin. Eklerlerin arasında biraz boşluk bırakmak önemlidir.
g) Ekleri altın rengi olana ve sertleşene kadar 20-25 dakika pişirin.
ğ) Oda sıcaklığında tamamen soğutun.
h) Her eklerin alt kısmına 2 küçük delik açın.

Fıstık ezmesi kreması:

ı) Çırpma ataşmanlı bir karıştırıcı kabında, kremayı, fıstık ezmesini ve pudra şekerini yüksek hızda kremsi ve çok stabil olana kadar çırpın.
i) Eklerleri fıstık ezmesi kremasıyla doldurun ve kaplama ve süslemeye kadar buzdolabında saklayın.

ÇİKOLATA GANACHE:

j) Çikolatayı doğrayıp bir kaseye koyun.
k) Kremayı ve tuzu küçük bir tencerede kaynatmak için ısıtın.
l) Sıcak kremayı doğranmış çikolatanın üzerine dökün, bir dakika bekleyin ve homojen ve parlak çikolatalı ganaj oluşana kadar iyice çırpın.
m) Eklerlerin üst kısmını sıcak ganajın içine batırın ve soğuması için buzdolabına geri koyun.
n) Kalan ganajı geniş bir kutuya aktarın ve tamamen soğuyuncaya kadar 2-3 saat buzdolabında bekletin.
o) Soğuk ganajı çırpma aparatlı bir mikser kasesine aktarın ve sabit ve havadar bir kıvama gelinceye kadar yüksek hızda çırpın.
ö) Kremayı 2 cm tırtıklı uç takılmış sıkma torbasına aktarın ve her bir eklerin üzerine çikolatalı kremayı gezdirin.
p) Kavrulmuş tuzlu fıstıkla süsleyip servis yapın.

55.Bademli Pralin Eklerleri

İÇİNDEKİLER:

CHOUX PASTA İÇİN:
- 1 bardak su
- 1/2 su bardağı tuzsuz tereyağı
- 1 fincan çok amaçlı un
- 4 büyük yumurta

DOLGU İÇİN:
- 2 su bardağı badem aromalı pasta kreması
- Garnitür için bademli pralin (şekerde karamelize edilmiş doğranmış badem)

GLAZÜR İÇİN:
- 1/2 bardak bitter çikolata, doğranmış
- 1/4 su bardağı tuzsuz tereyağı
- 1 su bardağı pudra şekeri
- 1/4 su bardağı sıcak su

TALİMATLAR:
PASTA HAMURU:
a) Fırınınızı önceden 375°F'ye (190°C) ısıtın ve fırın tepsisini parşömen kağıdıyla kaplayın.
b) Bir tencerede su ve tereyağını birleştirin. Tereyağı eriyene ve karışım kaynayana kadar orta ateşte ısıtın.
c) Ateşten alın, unu ekleyin ve karışım bir top oluşana kadar kuvvetlice karıştırın.
ç) Hamuru birkaç dakika soğumaya bırakın, ardından yumurtaları birer birer ekleyin ve her eklemeden sonra iyice çırpın.
d) Hamuru sıkma torbasına aktarın ve hazırlanan fırın tepsisine eklerleri sıkın.
e) Yaklaşık 30 dakika veya altın rengi kahverengi olana kadar pişirin. Soğumaya bırakın.

DOLGU:
f) Eklerlerin içini badem aromalı pastacı kremasıyla doldurun. Her bir ekleri doldurmak için sıkma torbası veya küçük bir kaşık kullanabilirsiniz.
g) Doldurduğunuz eklerleri bademli pralinle süsleyin. Pralin yapmak için doğranmış bademleri bir tavada hafifçe kızarana kadar ısıtın. Bademlerin üzerine şekeri serpin ve şeker

karamelize olana kadar ısıtmaya devam edin. Soğumaya bırakın ve küçük parçalara bölün.

SIR:

ğ) Isıya dayanıklı bir kapta, bitter çikolatayı ve tereyağını benmari usulü eritin.

h) Ateşten alın, pudra şekeri ekleyin ve yavaş yavaş sıcak suyla pürüzsüz hale gelinceye kadar karıştırın.

ı) Her bir eklerin üstünü koyu çikolata sosuna batırın ve eşit kaplama sağlayın. Fazlalığın damlamasına izin verin.

i) Sırlanmış eklerleri bir tepsiye yerleştirin ve çikolata donana kadar soğumaya bırakın.

j) Soğutulmuş olarak servis yapın ve Bademli Pralin Eklerlerinin fındıksı tatlılığının tadını çıkarın!

56.Ceviz Akçaağaç Eklerleri

İÇİNDEKİLER:

CHOUX PASTA İÇİN:
- 1 bardak su
- 1/2 su bardağı tuzsuz tereyağı
- 1 fincan çok amaçlı un
- 4 büyük yumurta

DOLGU İÇİN:
- 2 su bardağı ceviz aromalı pasta kreması
- Çiseleme için akçaağaç şurubu

GLAZÜR İÇİN:
- 1/2 bardak beyaz çikolata, doğranmış
- 1/4 su bardağı tuzsuz tereyağı
- 1 su bardağı pudra şekeri
- 1/4 su bardağı sıcak su

TALİMATLAR:

PASTA HAMURU:

a) Fırınınızı önceden 375°F'ye (190°C) ısıtın ve fırın tepsisini parşömen kağıdıyla kaplayın.
b) Bir tencerede su ve tereyağını birleştirin. Tereyağı eriyene ve karışım kaynayana kadar orta ateşte ısıtın.
c) Ateşten alın, unu ekleyin ve karışım bir top oluşana kadar kuvvetlice karıştırın.
ç) Hamuru birkaç dakika soğumaya bırakın, ardından yumurtaları birer birer ekleyin ve her eklemeden sonra iyice çırpın.
d) Hamuru sıkma torbasına aktarın ve hazırlanan fırın tepsisine eklerleri sıkın.
e) Yaklaşık 30 dakika veya altın rengi kahverengi olana kadar pişirin. Soğumaya bırakın.

DOLGU:

f) Eklerlerin içini ceviz aromalı pastacı kremasıyla doldurun. Her bir ekleri doldurmak için sıkma torbası veya küçük bir kaşık kullanın.
g) Akçaağaç şurubunu doldurulmuş eklerlerin üzerine gezdirin. Akçaağaç şurubu miktarını damak tadınıza göre ayarlayabilirsiniz.

SIR:

ğ) Isıya dayanıklı bir kapta beyaz çikolatayı ve tereyağını benmari usulü eritin.

h) Ateşten alın, pudra şekeri ekleyin ve yavaş yavaş sıcak suyla pürüzsüz hale gelinceye kadar karıştırın.

ı) Her bir eklerin üstünü beyaz çikolata sosuna batırın ve eşit kaplama sağlayın. Fazlalığın damlamasına izin verin.

i) Sırlanmış eklerleri bir tepsiye yerleştirin ve çikolata donana kadar soğumaya bırakın.

j) Soğuk servis yapın ve Cevizli Akçaağaç Eklerlerinde ceviz ve akçaağacın enfes kombinasyonunun tadını çıkarın!

57.Fıstıklı Gül Eklerleri

İÇİNDEKİLER:
CHOUX PASTA İÇİN:
- 1 bardak su
- 1/2 su bardağı tuzsuz tereyağı
- 1 fincan çok amaçlı un
- 4 büyük yumurta

DOLGU İÇİN:
- 2 su bardağı fıstık aromalı pasta kreması
- Süslemek için yenilebilir gül yaprakları

GLAZÜR İÇİN:
- 1/2 bardak bitter çikolata, doğranmış
- 1/4 su bardağı tuzsuz tereyağı
- 1 su bardağı pudra şekeri
- 1/4 su bardağı sıcak su

TALİMATLAR:
PASTA HAMURU:
a) Fırınınızı önceden 375°F'ye (190°C) ısıtın ve fırın tepsisini parşömen kağıdıyla kaplayın.
b) Bir tencerede su ve tereyağını birleştirin. Tereyağı eriyene ve karışım kaynayana kadar orta ateşte ısıtın.
c) Ateşten alın, unu ekleyin ve karışım bir top oluşana kadar kuvvetlice karıştırın.
ç) Hamuru birkaç dakika soğumaya bırakın, ardından yumurtaları birer birer ekleyin ve her eklemeden sonra iyice çırpın.
d) Hamuru sıkma torbasına aktarın ve hazırlanan fırın tepsisine eklerleri sıkın.
e) Yaklaşık 30 dakika veya altın rengi kahverengi olana kadar pişirin. Soğumaya bırakın.

DOLGU:
f) Eklerlerin içini fıstık aromalı pastacı kremasıyla doldurun. Her bir ekleri doldurmak için sıkma torbası veya küçük bir kaşık kullanabilirsiniz.
g) Doldurduğunuz eklerleri yenilebilir gül yapraklarıyla süsleyin.

SIR:
ğ) Isıya dayanıklı bir kapta, bitter çikolatayı ve tereyağını benmari usulü eritin.

h) Ateşten alın, pudra şekeri ekleyin ve yavaş yavaş sıcak suyla pürüzsüz hale gelinceye kadar karıştırın.
ı) Her bir eklerin üstünü koyu çikolata sosuna batırın ve eşit kaplama sağlayın. Fazlalığın damlamasına izin verin.
i) Sırlanmış eklerleri bir tepsiye yerleştirin ve çikolata donana kadar soğumaya bırakın.
j) Soğutulmuş olarak servis yapın ve Fıstıklı Gül Eclairs'in egzotik lezzetlerinin tadını çıkarın!

58. Cevizli Karamelli Ekler

İÇİNDEKİLER:
CHOUX PASTA İÇİN:
- 1 bardak su
- 1/2 su bardağı tuzsuz tereyağı
- 1 fincan çok amaçlı un
- 4 büyük yumurta

DOLGU İÇİN:
- 2 su bardağı karamel aromalı pastacı kreması
- Süslemek için kıyılmış ceviz

KARAMEL SIRASI İÇİN:
- 1 su bardağı toz şeker
- 1/4 su bardağı su
- 1/2 bardak ağır krema
- 1/4 su bardağı tuzsuz tereyağı

TALİMATLAR:
PASTA HAMURU:
a) Fırınınızı önceden 375°F'ye (190°C) ısıtın ve fırın tepsisini parşömen kağıdıyla kaplayın.
b) Bir tencerede su ve tereyağını birleştirin. Tereyağı eriyene ve karışım kaynayana kadar orta ateşte ısıtın.
c) Ateşten alın, unu ekleyin ve karışım bir top oluşana kadar kuvvetlice karıştırın.
ç) Hamuru birkaç dakika soğumaya bırakın, ardından yumurtaları birer birer ekleyin ve her eklemeden sonra iyice çırpın.
d) Hamuru sıkma torbasına aktarın ve hazırlanan fırın tepsisine eklerleri sıkın.
e) Yaklaşık 30 dakika veya altın rengi kahverengi olana kadar pişirin. Soğumaya bırakın.

DOLGU:
f) Eklerlerin içini karamel aromalı pastacı kremasıyla doldurun. Her bir ekleri doldurmak için sıkma torbası veya küçük bir kaşık kullanabilirsiniz.
g) Doldurduğunuz eklerleri kıyılmış cevizlerle süsleyin.

KARAMEL SIR:
ğ) Ağır dipli bir tencerede, şekeri ve suyu orta ateşte birleştirin. Şeker eriyene kadar karıştırın.

h) Karışımı karıştırmadan kaynamaya bırakın. Karamel koyu kehribar rengine dönene kadar pişirmeye devam edin.
ı) Sürekli karıştırarak ağır kremayı dikkatlice ve yavaş yavaş ekleyin. Karışım köpüreceği için dikkatli olun.
i) Tencereyi ocaktan alın ve tuzsuz tereyağını pürüzsüz hale gelinceye kadar karıştırın.
j) Karamel sırını birkaç dakika soğumaya bırakın, ardından her bir eklerin üstünü karamel sırın içine daldırarak eşit bir kaplama sağlayın. Fazlalığın damlamasına izin verin.
k) Sırlı eklerleri bir tepsiye yerleştirin ve karamel katılaşana kadar soğumaya bırakın.
l) Soğutulmuş olarak servis yapın ve Cevizli Karamelli Eklerlerin tatlı ve cevizli lezzetinin tadını çıkarın!
m) Daha fazla doku için üstüne daha fazla kıyılmış ceviz eklemekten çekinmeyin. Ev yapımı Pekan Karamelli Eklerlerinizin tadını çıkarın!

59.Macadamia Beyaz Çikolatalı Ekler

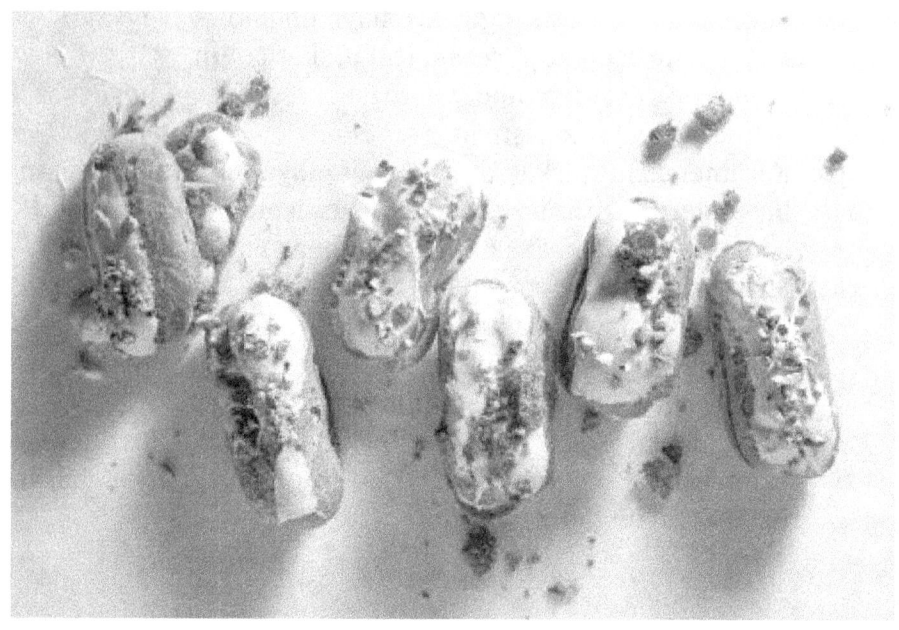

İÇİNDEKİLER:
CHOUX PASTA İÇİN:
- 1 bardak su
- 1/2 su bardağı tuzsuz tereyağı
- 1 fincan çok amaçlı un
- 4 büyük yumurta

DOLGU İÇİN:
- 2 su bardağı beyaz çikolata ve macadamia fındık aromalı pasta kreması
- Garnitür için ezilmiş macadamia fıstığı

BEYAZ ÇİKOLATA SIRASI İÇİN:
- 1/2 bardak beyaz çikolata, doğranmış
- 1/4 su bardağı tuzsuz tereyağı
- 1 su bardağı pudra şekeri
- 1/4 su bardağı sıcak su

TALİMATLAR:
PASTA HAMURU:
a) Fırınınızı önceden 375°F'ye (190°C) ısıtın ve fırın tepsisini parşömen kağıdıyla kaplayın.
b) Bir tencerede su ve tereyağını birleştirin. Tereyağı eriyene ve karışım kaynayana kadar orta ateşte ısıtın.
c) Ateşten alın, unu ekleyin ve karışım bir top oluşana kadar kuvvetlice karıştırın.
ç) Hamuru birkaç dakika soğumaya bırakın, ardından yumurtaları birer birer ekleyin ve her eklemeden sonra iyice çırpın.
d) Hamuru sıkma torbasına aktarın ve hazırlanan fırın tepsisine eklerleri sıkın.
e) Yaklaşık 30 dakika veya altın rengi kahverengi olana kadar pişirin. Soğumaya bırakın.

DOLGU:
f) Eklerin içini beyaz çikolata ve macadamia fıstığı aromalı pasta kremasıyla doldurun. Her bir ekleri doldurmak için sıkma torbası veya küçük bir kaşık kullanın.
g) Doldurduğunuz eklerleri ezilmiş macadamia fıstığıyla süsleyin.

BEYAZ ÇİKOLATA SIR:

ğ) Isıya dayanıklı bir kapta beyaz çikolatayı ve tereyağını benmari usulü eritin.
h) Ateşten alın, pudra şekeri ekleyin ve yavaş yavaş sıcak suyla pürüzsüz hale gelinceye kadar karıştırın.
ı) Her bir eklerin üstünü beyaz çikolata sosuna batırın ve eşit kaplama sağlayın. Fazlalığın damlamasına izin verin.
i) Sırlanmış eklerleri bir tepsiye yerleştirin ve beyaz çikolata donana kadar soğumaya bırakın.
j) Soğumuş olarak servis yapın ve Macadamia Beyaz Çikolatalı Eklerlerin enfes kombinasyonunun tadını çıkarın!

Baharatlı Eklerler

60.Akçaağaç Balkabağı Eklerleri

İÇİNDEKİLER:
EKLER İÇİN:
- 1/2 su bardağı tuzsuz tereyağı
- 1 bardak su
- 1 fincan çok amaçlı un
- 1/2 çay kaşığı öğütülmüş tarçın
- HER BİRİ 1/4 çay kaşığı: tuz, öğütülmüş hindistan cevizi
- 4 büyük yumurta

DOLDURMAK İÇİN:
- 1/3 bardak krem peynir, yumuşatılmış
- 1/3 su bardağı saf kabak püresi
- 1/2 çay kaşığı akçaağaç şurubu ekstresi
- Tarçın, hindistan cevizi serpin
- 1 bardak ağır krema, soğutulmuş
- 1 su bardağı şekerleme şekeri

SIRLAMA İÇİN:
- 1 1/2 bardak şekerleme şekeri
- 1/4 bardak akçaağaç şurubu
- 2 yemek kaşığı ağır krema

TALİMATLAR:
PATE A CHOUX İÇİN:
a) Fırını 425F/218C'ye önceden ısıtın. Fırın tepsilerini parşömen kağıdıyla hizalayın ve Fransız yıldız uçlu bir hamur işi torbası hazırlayın.

b) Unu, tuzu, tarçını ve hindistan cevizini bir kaseye eleyin. Bir tencerede tereyağı ve suyu kaynatın. Kuru malzemeleri ekleyin, bir hamur topu oluşana kadar karıştırın.

c) Hamuru soğumaya bırakın, ardından yumurtaları birer birer ekleyerek iyice karıştırın. Hamuru sıkma torbasına aktarın.

EKLERLERİN YAPILIŞI:
ç) Parşömen kağıdına 4 ila 6 inçlik ekler ekleyin. 425F'de 10 dakika pişirin, ardından 375F'ye düşürün ve altın rengi olana kadar 30-35 dakika pişirin. Tel raf üzerinde soğutun.

KABAK DOLGUSU:
d) Krem peynir, kabak püresi, ekstrakt ve baharatları birleştirin. Pürüzsüz olana kadar çırpın.

e) Ayrı bir kapta kremayı ve şekeri sert zirveler oluşana kadar çırpın. Kabak karışımını ekleyin ve hafif ve kabarık olana kadar çırpın.
f) Dolguyu bir sıkma torbasına aktarın.

Akçaağaç Sır:
g) Şekerleme şekerini bir kaseye koyun.
ğ) İstenilen kıvama gelinceye kadar akçaağaç şurubu ve ağır kremayı yavaş yavaş ekleyin.

TOPLANTI:
h) Eklerler soğuduktan sonra yanlardan, alttan veya bölerek ve ortasına doğru sıkarak doldurun.
ı) Doldurulmuş her pastanın üst yarısını akçaağaç sırına batırın. Fazla sırın aşağı damlamasına izin verin.
i) Eklerleri hava geçirmez bir kapta buzdolabında saklayın.

61.Tarçınlı Baharatlı Eklerler

İÇİNDEKİLER:
CHOUX PASTA İÇİN:
- 1 bardak su
- 1/2 su bardağı tuzsuz tereyağı
- 1 fincan çok amaçlı un
- 4 büyük yumurta

DOLGU İÇİN:
- 2 su bardağı tarçınlı pastacı kreması

GLAZÜR İÇİN:
- 1/2 bardak bitter çikolata, doğranmış
- 1/4 su bardağı tuzsuz tereyağı
- 1 su bardağı pudra şekeri
- 1/4 su bardağı sıcak su

TALİMATLAR:
PASTA HAMURU:
a) Fırınınızı önceden 375°F'ye (190°C) ısıtın ve fırın tepsisini parşömen kağıdıyla kaplayın.
b) Bir tencerede su ve tereyağını birleştirin. Tereyağı eriyene ve karışım kaynayana kadar orta ateşte ısıtın.
c) Ateşten alın, unu ekleyin ve karışım bir top oluşana kadar kuvvetlice karıştırın.
ç) Hamuru birkaç dakika soğumaya bırakın, ardından yumurtaları birer birer ekleyin ve her eklemeden sonra iyice çırpın.
d) Hamuru sıkma torbasına aktarın ve hazırlanan fırın tepsisine eklerleri sıkın.
e) Yaklaşık 30 dakika veya altın rengi kahverengi olana kadar pişirin. Soğumaya bırakın.

DOLGU:
f) Tarçınlı pastacı kremasını hazırlayın. Klasik pastacı kreması tarifine toz tarçın ekleyebilir veya önceden hazırlanmış tarçın aromalı pastacı kremasını kullanabilirsiniz.
g) Eklerlerin içine tarçınlı pastacı kremasını sıkma torbası veya küçük bir kaşık kullanarak doldurun.

SIR:
ğ) Isıya dayanıklı bir kapta, bitter çikolatayı ve tereyağını benmari usulü eritin.

h) Ateşten alın, pudra şekeri ekleyin ve yavaş yavaş sıcak suyla pürüzsüz hale gelinceye kadar karıştırın.
ı) Her bir eklerin üstünü koyu çikolata sosuna batırın ve eşit kaplama sağlayın. Fazlalığın damlamasına izin verin.
i) Sırlanmış eklerleri bir tepsiye yerleştirin ve çikolata donana kadar soğumaya bırakın.
j) Soğutulmuş olarak servis yapın ve Tarçınlı Baharatlı Eklerlerin sıcak ve rahatlatıcı tadının tadını çıkarın!

62.Kakule Eklerleri

İÇİNDEKİLER:

CHOUX PASTA İÇİN:
- 1 bardak su
- 1/2 su bardağı tuzsuz tereyağı
- 1 fincan çok amaçlı un
- 4 büyük yumurta

DOLGU İÇİN:
- 2 su bardağı kakule katkılı pasta kreması

GLAZÜR İÇİN:
- 1/2 bardak beyaz çikolata, doğranmış
- 1/4 su bardağı tuzsuz tereyağı
- 1 su bardağı pudra şekeri
- 1/4 su bardağı sıcak su

TALİMATLAR:

PASTA HAMURU:

a) Fırınınızı önceden 375°F'ye (190°C) ısıtın ve fırın tepsisini parşömen kağıdıyla kaplayın.
b) Bir tencerede su ve tereyağını birleştirin. Tereyağı eriyene ve karışım kaynayana kadar orta ateşte ısıtın.
c) Ateşten alın, unu ekleyin ve karışım bir top oluşana kadar kuvvetlice karıştırın.
ç) Hamuru birkaç dakika soğumaya bırakın, ardından yumurtaları birer birer ekleyin ve her eklemeden sonra iyice çırpın.
d) Hamuru sıkma torbasına aktarın ve hazırlanan fırın tepsisine eklerleri sıkın.
e) Yaklaşık 30 dakika veya altın rengi kahverengi olana kadar pişirin. Soğumaya bırakın.

DOLGU:

f) Kakule ile tatlandırılmış pasta kremasını hazırlayın. Öğütülmüş kakuleyi klasik bir pasta kreması tarifine katabilir veya önceden hazırlanmış kakule aromalı pasta kremasını kullanabilirsiniz.
g) Eklerleri kakuleli pastacı kremasıyla sıkma torbası veya küçük bir kaşık kullanarak doldurun.

SIR:

ğ) Isıya dayanıklı bir kapta beyaz çikolatayı ve tereyağını benmari usulü eritin.
h) Ateşten alın, pudra şekeri ekleyin ve yavaş yavaş sıcak suyla pürüzsüz hale gelinceye kadar karıştırın.
ı) Her bir eklerin üstünü beyaz çikolata sosuna batırın ve eşit kaplama sağlayın. Fazlalığın damlamasına izin verin.
i) Sırlanmış eklerleri bir tepsiye yerleştirin ve beyaz çikolata donana kadar soğumaya bırakın.
j) Soğutulmuş olarak servis yapın ve Cardamom Éclairs'in aromatik ve egzotik lezzetinin tadını çıkarın!

63. Zencefilli kurabiye Eklerleri

İÇİNDEKİLER:
CHOUX PASTA İÇİN:
- 1 bardak su
- 1/2 su bardağı tuzsuz tereyağı
- 1 fincan çok amaçlı un
- 4 büyük yumurta

DOLGU İÇİN:
- 2 su bardağı zencefilli baharatlı pasta kreması

GLAZÜR İÇİN:
- 1/2 bardak bitter çikolata, doğranmış
- 1/4 su bardağı tuzsuz tereyağı
- 1 su bardağı pudra şekeri
- 1/4 su bardağı sıcak su

TALİMATLAR:
PASTA HAMURU:
a) Fırınınızı önceden 375°F'ye (190°C) ısıtın ve fırın tepsisini parşömen kağıdıyla kaplayın.
b) Bir tencerede su ve tereyağını birleştirin. Tereyağı eriyene ve karışım kaynayana kadar orta ateşte ısıtın.
c) Ateşten alın, unu ekleyin ve karışım bir top oluşana kadar kuvvetlice karıştırın.
ç) Hamuru birkaç dakika soğumaya bırakın, ardından yumurtaları birer birer ekleyin ve her eklemeden sonra iyice çırpın.
d) Hamuru sıkma torbasına aktarın ve hazırlanan fırın tepsisine eklerleri sıkın.
e) Yaklaşık 30 dakika veya altın rengi kahverengi olana kadar pişirin. Soğumaya bırakın.

DOLGU:
f) Zencefilli kurabiye baharatlı pasta kremasını hazırlayın. Klasik pasta kreması tarifine öğütülmüş zencefil, tarçın, hindistan cevizi ve karanfil karışımını ekleyebilir veya önceden hazırlanmış zencefil aromalı pasta kremasını kullanabilirsiniz.
g) Eklerlerin içine zencefilli baharatlı pastacı kremasını sıkma torbası veya küçük bir kaşık kullanarak doldurun.

SIR:

ğ) Isıya dayanıklı bir kapta, bitter çikolatayı ve tereyağını benmari usulü eritin.
h) Ateşten alın, pudra şekeri ekleyin ve yavaş yavaş sıcak suyla pürüzsüz hale gelinceye kadar karıştırın.
ı) Her bir eklerin üstünü koyu çikolata sosuna batırın ve eşit kaplama sağlayın. Fazlalığın damlamasına izin verin.
i) Sırlanmış eklerleri bir tepsiye yerleştirin ve çikolata donana kadar soğumaya bırakın.
j) Soğutulmuş olarak servis yapın ve Zencefilli Eklerlerin sıcak ve rahatlatıcı tadının tadını çıkarın!

64.Hindistan Cevizi İnfüzyonu Eklerleri

İÇİNDEKİLER:
CHOUX PASTA İÇİN:
- 1 bardak su
- 1/2 su bardağı tuzsuz tereyağı
- 1 fincan çok amaçlı un
- 4 büyük yumurta

DOLGU İÇİN:
- 2 su bardağı hindistan cevizi katkılı pasta kreması

GLAZÜR İÇİN:
- 1/2 bardak beyaz çikolata, doğranmış
- 1/4 su bardağı tuzsuz tereyağı
- 1 su bardağı pudra şekeri
- 1/4 su bardağı sıcak su

TALİMATLAR:
PASTA HAMURU:
a) Fırınınızı önceden 375°F'ye (190°C) ısıtın ve fırın tepsisini parşömen kağıdıyla kaplayın.
b) Bir tencerede su ve tereyağını birleştirin. Tereyağı eriyene ve karışım kaynayana kadar orta ateşte ısıtın.
c) Ateşten alın, unu ekleyin ve karışım bir top oluşana kadar kuvvetlice karıştırın.
ç) Hamuru birkaç dakika soğumaya bırakın, ardından yumurtaları birer birer ekleyin ve her eklemeden sonra iyice çırpın.
d) Hamuru sıkma torbasına aktarın ve hazırlanan fırın tepsisine eklerleri sıkın.
e) Yaklaşık 30 dakika veya altın rengi kahverengi olana kadar pişirin. Soğumaya bırakın.

DOLGU:
f) Hindistan cevizi ile doldurulmuş pasta kremasını hazırlayın. Klasik bir pasta kreması tarifine öğütülmüş hindistan cevizi ekleyebilir veya önceden hazırlanmış hindistan cevizi aromalı bir pasta kreması kullanabilirsiniz.
g) Eklerleri küçük hindistan cevizi katkılı pastacı kremasıyla sıkma torbası veya küçük bir kaşık kullanarak doldurun.

SIR:

ğ) Isıya dayanıklı bir kapta beyaz çikolatayı ve tereyağını benmari usulü eritin.

h) Ateşten alın, pudra şekeri ekleyin ve yavaş yavaş sıcak suyla pürüzsüz hale gelinceye kadar karıştırın.

ı) Her bir eklerin üstünü beyaz çikolata sosuna batırın ve eşit kaplama sağlayın. Fazlalığın damlamasına izin verin.

i) Sırlanmış eklerleri bir tepsiye yerleştirin ve beyaz çikolata donana kadar soğumaya bırakın.

j) Soğutulmuş olarak servis yapın ve Nutmeg Infusion Éclairs'in hafif sıcaklığının ve kokusunun tadını çıkarın!

65.Chai Latte Eklerleri

İÇİNDEKİLER:
CHOUX PASTA İÇİN:
- 1 bardak su
- 1/2 su bardağı tuzsuz tereyağı
- 1 fincan çok amaçlı un
- 4 büyük yumurta

DOLGU İÇİN:
- 2 bardak chai latte demlenmiş pasta kreması

GLAZÜR İÇİN:
- 1/2 bardak bitter çikolata, doğranmış
- 1/4 su bardağı tuzsuz tereyağı
- 1 su bardağı pudra şekeri
- 1/4 su bardağı sıcak su

TALİMATLAR:
PASTA HAMURU:
a) Fırınınızı önceden 375°F'ye (190°C) ısıtın ve fırın tepsisini parşömen kağıdıyla kaplayın.
b) Bir tencerede su ve tereyağını birleştirin. Tereyağı eriyene ve karışım kaynayana kadar orta ateşte ısıtın.
c) Ateşten alın, unu ekleyin ve karışım bir top oluşana kadar kuvvetlice karıştırın.
ç) Hamuru birkaç dakika soğumaya bırakın, ardından yumurtaları birer birer ekleyin ve her eklemeden sonra iyice çırpın.
d) Hamuru sıkma torbasına aktarın ve hazırlanan fırın tepsisine eklerleri sıkın.
e) Yaklaşık 30 dakika veya altın rengi kahverengi olana kadar pişirin. Soğumaya bırakın.

DOLGU:
f) Chai latte ile demlenmiş pasta kremasını hazırlayın. Öğütülmüş chai baharatlarını (tarçın, kakule, zencefil, karanfil) klasik bir pasta kreması tarifine ekleyin veya önceden hazırlanmış bir chai latte aromalı pasta kreması kullanın.
g) Eklerleri chai latte ile demlenmiş pastacı kremasıyla sıkma torbası veya küçük bir kaşık kullanarak doldurun.

SIR:

ğ) Isıya dayanıklı bir kapta, bitter çikolatayı ve tereyağını benmari usulü eritin.
h) Ateşten alın, pudra şekeri ekleyin ve yavaş yavaş sıcak suyla pürüzsüz hale gelinceye kadar karıştırın.
ı) Her bir eklerin üstünü koyu çikolata sosuna batırın ve eşit kaplama sağlayın. Fazlalığın damlamasına izin verin.
i) Sırlanmış eklerleri bir tepsiye yerleştirin ve çikolata donana kadar soğumaya bırakın.
j) Soğutulmuş olarak servis yapın ve Chai Latte Éclairs'in zengin ve baharatlı lezzetinin tadını çıkarın!

66.Baharatlı Portakal Kabuğu Ekleri

İÇİNDEKİLER:

CHOUX PASTA İÇİN:
- 1 bardak su
- 1/2 su bardağı tuzsuz tereyağı
- 1 fincan çok amaçlı un
- 4 büyük yumurta

DOLGU İÇİN:
- 2 su bardağı baharatlı portakal kabuğu rendesi ile doldurulmuş pasta kreması

GLAZÜR İÇİN:
- 1/2 bardak beyaz çikolata, doğranmış
- 1/4 su bardağı tuzsuz tereyağı
- 1 su bardağı pudra şekeri
- 1/4 su bardağı sıcak su

TALİMATLAR:

PASTA HAMURU:

a) Fırınınızı önceden 375°F'ye (190°C) ısıtın ve fırın tepsisini parşömen kağıdıyla kaplayın.
b) Bir tencerede su ve tereyağını birleştirin. Tereyağı eriyene ve karışım kaynayana kadar orta ateşte ısıtın.
c) Ateşten alın, unu ekleyin ve karışım bir top oluşana kadar kuvvetlice karıştırın.
ç) Hamuru birkaç dakika soğumaya bırakın, ardından yumurtaları birer birer ekleyin ve her eklemeden sonra iyice çırpın.
d) Hamuru sıkma torbasına aktarın ve hazırlanan fırın tepsisine eklerleri sıkın.
e) Yaklaşık 30 dakika veya altın rengi kahverengi olana kadar pişirin. Soğumaya bırakın.

DOLGU:

f) Baharatlı portakal kabuğu rendesi ile tatlandırılmış pasta kremasını hazırlayın. Klasik pasta kreması tarifine öğütülmüş baharatları (tarçın, karanfil, hindistan cevizi) ve ince rendelenmiş portakal kabuğu rendesini ekleyin veya önceden hazırlanmış baharatlı portakal kabuğu aromalı pasta kremasını kullanın.

g) Eklerleri baharatlı portakal kabuğu rendesi ile tatlandırılmış pastacı kremasıyla sıkma torbası veya küçük bir kaşık kullanarak doldurun.

SIR:

ğ) Isıya dayanıklı bir kapta beyaz çikolatayı ve tereyağını benmari usulü eritin.

h) Ateşten alın, pudra şekeri ekleyin ve yavaş yavaş sıcak suyla pürüzsüz hale gelinceye kadar karıştırın.

ı) Her bir eklerin üstünü beyaz çikolata sosuna batırın ve eşit kaplama sağlayın. Fazlalığın damlamasına izin verin.

i) Sırlanmış eklerleri bir tepsiye yerleştirin ve beyaz çikolata donana kadar soğumaya bırakın.

j) Soğutulmuş olarak servis yapın ve Baharatlı Portakal Zest Eklerlerinde baharatlı tatlar ve turunçgillerin enfes kombinasyonunun tadını çıkarın!

ŞEKER EKLERİ

67.Fıstık Ezmeli Fincan Eclair

İÇİNDEKİLER:
PASTA HAMURU
- 1 bardak su
- 1 su bardağı un
- 0,5 su bardağı küp küp tereyağı
- 0.25 çay kaşığı tuz
- 4 büyük yumurta

ÇİKOLATA KREM PASTANE
- 1,5 su bardağı süt
- 1 bardak ağır krema
- 1 çay kaşığı vanilya
- 2 yemek kaşığı kakao tozu
- 3 yumurta sarısı
- 1 dolu yumurta
- 0,5 su bardağı şeker
- 2,5 yemek kaşığı mısır nişastası
- 0.25 çay kaşığı tuz
- 5 ons ince kıyılmış acı tatlı veya yarı tatlı çikolata
- 3 yemek kaşığı yumuşak/oda sıcaklığında tereyağı

Fıstık ezmesi GANAŞ
- 1/3 bardak ağır krema
- 2 yemek kaşığı tereyağı
- 0,5 su bardağı fıstık ezmesi (pürüzsüz veya iri taneli)
- 0,5 lb ince doğranmış bitter çikolata

DEKORASYON İÇİN
- Reese'in Parçaları Paketlenmemiş Mini Bardaklar veya Minyatürler
- Kuru Kavrulmuş, Tuzlu Yer Fıstığı

TALİMATLAR:
PASTA HAMURU:
a) Fırını önceden 400°F'ye ısıtın. Fırın tepsilerini parşömen kağıdıyla kaplayın ve yapışmaz pişirme spreyi sıkın.
b) Tuzu una karıştırın ve bir kenara koyun.
c) Suyu ve küp küp tereyağını bir tencerede birleştirin, kaynatın, ardından un/tuz ekleyin. Bir macun oluşuncaya kadar karıştırın.

ç) Hamur bir top oluşturup tavadan çekilinceye kadar ateşte karıştırmaya devam edin.
d) Hamuru biraz soğumaya bırakın, ardından yumurtaları tek tek ekleyerek iyice karıştırın.
e) Hamuru bir sıkma torbasına aktarın ve fırın tepsisine 3-4 inç uzunluğunda sıkın.
f) 400°F'de 10 dakika pişirin, ardından ısıyı 375°F'ye düşürün ve 20 dakika daha pişirin. Pişirme sırasında fırını açmayın.

ÇİKOLATA KREM PASTANE:
g) Süt, krema ve vanilyayı bir tencerede birleştirin. Ayrı bir kapta şeker, yumurta, yumurta sarısı, mısır nişastası, kakao tozu ve tuzu birlikte çırpın.
ğ) Buğulanmış sütün yarısını sürekli karıştırarak yumurta karışımına dökün. Geri kalanını yavaş yavaş ekleyin ve tekrar tencereye dökün.
h) Orta ateşte ısıtın, krema köpürene kadar sürekli çırpın. Doğranmış çikolatayı ekleyip eriyene kadar çırpın.
ı) Ateşten alın, tereyağı ekleyin, birleşene kadar çırpın. Yüzeye değecek şekilde streç filmle örtün ve soğutun.

PASTA KREMASI İLE EKLERLERİN MONTAJI:
i) İnce, düz uçlu bir sıkma torbası takın. Pastacı kremasıyla doldurun.
j) Her pastanın alt kısmına iki delik açın. Her iki ucundan pastacı kremasını doldurun.

Fıstık Ezmesi Ganajı:
k) Çikolatayı küçük parçalar halinde doğrayın. Kremayı bir tencerede ısıtın.
l) Sıcak kremayı çikolatanın üzerine dökün. Yaklaşık 45 saniye erimesini bekleyin, ardından pürüzsüz hale gelinceye kadar karıştırın.
m) Fıstık ezmesini ve tereyağını pürüzsüz hale gelinceye kadar karıştırın. Oda sıcaklığına soğutun.

DEKORASYON:
n) Bir spatula kullanarak eklerleri fıstık ezmeli ganajla süsleyin.
o) Kalan ganajı stand mikserinde çırpın ve eklerlerin üzerine sıkın.
ö) Üzerine mini fıstık ezmeli kaplar ve tuzlu fıstık ekleyin.

68.Tuzlu Karamelli Eklerler

İÇİNDEKİLER:
PATE CHOUX
- 1 su bardağı un
- 1 bardak su
- 8 yemek kaşığı tuzsuz tereyağı
- ½ çay kaşığı tuz
- 4 yumurta

PASTA KREMASI
- 2 ¼ bardak tam yağlı süt
- ¼ su bardağı mısır nişastası
- ¼ bardak şeker
- 4 yumurta sarısı
- 1 vanilya çekirdeği ikiye bölünmüş ve tohumları çıkarılmış
- Tutam tuzu

TUZLU KARAMEL SOS
- 1 su bardağı şeker
- ¼ bardak tuzsuz tereyağı 4 yemek kaşığı, parçalar halinde kesilmiş
- 1 çay kaşığı vanilya özü
- ½ bardak ağır krema
- ½ çay kaşığı Pul pul deniz tuzu + garnitür için daha fazlası

TALİMATLAR:
PASTA KREMASINI YAPIN
a) Orta boy bir tencereye sütü, mısır nişastasını, şekeri, yumurta sarısını, bir tutam tuzu ve vanilya çubuğunu ekleyin ve orta ateşe getirin.
b) Karışımı pürüzsüz ve koyulaşana ve krema karışımı kaşığın arkasını kaplayana kadar çırpın.
c) Karışım koyulaştıktan sonra ocaktan alın ve ince bir süzgeçten geçirerek başka bir kaseye süzün. Bu, karıştırılmış olabilecek topakların veya yumurtaların giderilmesine yardımcı olacaktır.
ç) Krema üzerine doğrudan bir tabaka plastik örtü yerleştirin, "kabuk" oluşmayacak şekilde temas ettiğinden emin olun ve pasta kremasını buzdolabında tamamen soğuyuncaya kadar en az 4 saat soğutun. (Not* Ne kadar uzun süre beklerse, krema o

kadar kalınlaşacak ve hamur işinin içine sıkılması daha kolay olacaktır).

PÂTE À CHOUX'U (PASTA HAMURU) YAPIN

d) Fırını önceden 425 Fahrenheit dereceye ısıtın ve 2 fırın tepsisini parşömen kağıdı veya silpat ile sıralayın.

e) Bu arada orta boy bir tencerede tereyağı, su ve tuzu orta-düşük ateşte eritin.

f) Unu ekleyin ve her şey birbirine karışıp bir hamur oluşana kadar bir kaşıkla karıştırın. Hamuru 2 dakika kadar pişirmeye devam edin, hiç çiğ un kalmadığından emin olun.

g) Yumurtaları teker teker ekleyin ve her şey iyice karışana kadar bir kaşıkla karıştırmaya devam edin. İlk başta ıslak görünebilir ancak hamur bir araya gelerek tencerenin kenarlarından uzaklaşacaktır.

ğ) Hamuru ocaktan alın ve sıkma torbasına veya yeniden kapatılabilir plastik torbaya aktarın. Torbayı 3,4 oranında doldurun ve köşelerden birinden bir bütün kesin.

h) Yaklaşık 4-5 inç uzunluğunda pasta kreması kütüklerini fırın tepsisine sıkın, her fırın tepsisine yaklaşık 10-12 sığdırabilirsiniz.

ı) Pâte à choux'yu 425 Fahrenheit derecede 10 dakika pişirin, ardından ısıyı 250 Fahrenheit dereceye düşürün ve 20 dakika daha veya tüm pâte à choux altın kahverengi olana kadar pişirmeye devam edin. Bittiğinde fırından çıkarın ve tamamen soğumasını bekleyin.

TUZLU KARAMEL SOSUN YAPILMASI

i) Küçük bir tencereye şekeri ekleyip kısık ateşte şeker topaklaşana kadar pişirin.

j) Gerekirse şekeri tahta kaşıkla parçalayın ve şeker eriyip tamamen pürüzsüz hale gelip açık kahverengi bir renk alana kadar pişirmeye devam edin.

k) Tereyağı, vanilya ve ağır kremayı ekleyip karıştırın. Bir tutam pul pul deniz tuzu ekleyin ve baharat için tadın.

l) Isıyı kapatın ve karamel sosunu koyulaşıncaya ve dökülebilir hale gelinceye kadar karıştırmaya devam edin. Kenara çekildi.

EKLERLERİ BİRLEŞTİRİN

m) Bir çubuk veya şiş kullanın ve hamur işi kabuğunun her iki tarafına delikler açarak hamurun içinde bir tünel oluşturun.

n) Soğuyan pastacı kremasını pasta hamurunun içine sıkın ama fazla doldurmayın.

o) Eklerin bir tarafını karamel sosuna batırın veya üzerine karamel sosunu kaşıkla gezdirebilirsiniz.

ö) Ekleri ekstra deniz tuzu veya yenilebilir serpintilerle süsleyin.

69. S'mores Eklerleri

İÇİNDEKİLER:
- 1 bardak tam yağlı süt
- 1 bardak su
- 1 su bardağı tuzsuz tereyağı, parçalar halinde kesilmiş
- 1 çay kaşığı şeker
- ½ çay kaşığı tuz
- 1 fincan çok amaçlı un
- 7 büyük yumurta, oda sıcaklığında
- ¾ bardak graham kraker kırıntısı
- 4 su bardağı krem şanti
- 1 su bardağı çikolatalı ganaj

TALİMATLAR:
a) Fırını da 400°F'ye önceden ısıtın. Parşömen kağıdıyla 2 büyük fırın tepsisi hazırlayın. Bir kenara koyun.

b) Ağır dipli orta boy bir tencerede sütü, suyu, tereyağını, şekeri ve tuzu kaynatın. Karışım kaynama noktasına gelince, unun tamamını bir kerede ekleyin, ısıyı orta dereceye düşürün ve karışımı bir tahta kaşıkla hızla karıştırın. 1 dakika sonra ısıyı en aza indirin ve 3 dakika daha karıştırın. Hamur pürüzsüz ve parlak olacaktır.

c) Hamuru, kürek aparatıyla donatılmış bir stand mikserinin kasesine aktarın. Hamuru soğuması için 5 dakika kadar çırpın.

ç) Yumurtaları teker teker ekleyin ve her yumurta ekledikten sonra 1 dakika kadar çırpın. Hamur dağılacak ama bir süre sonra toparlanacaktır.

d) Hamuru 1 "açıklığı olan bir sıkma torbasına yerleştirin. Hamuru parşömen kaplı fırın tepsilerine 3-4" uzunluğunda sıkın. Gerekirse pürüzlü hamur kenarlarını rötuşlamak için nemli bir parmağınızı kullanın.

e) Ekleri 20 dakika veya kabarıp altın rengi kahverengi olana kadar pişirin. Pişirme süresinin yarısına gelindiğinde tavaları çevirin.

f) İç harcı hazırlamak için graham kraker kırıntılarını çırpılmış kremaya katlayın.

g) Eklerler soğuduktan sonra uzun, dar bir boru ucu kullanarak çırpılmış kremayla doldurun.

70.Nane Eklerleri

İÇİNDEKİLER:

PATE A CHOUX İÇİN:
- 1/2 su bardağı tuzsuz tereyağı
- 1 bardak su
- 1/4 çay kaşığı tuz
- 1 fincan çok amaçlı un
- 4 büyük yumurta

NANE DOLGUSU İÇİN:
- 1/2 bardak tuzsuz tereyağı, yumuşatılmış
- 4 ons krem peynir, yumuşatılmış
- 1/2 su bardağı şekerli yoğunlaştırılmış süt
- 1 1/2 bardak ağır krema, soğutulmuş
- 1 su bardağı şekerleme şekeri (isteğe bağlı)
- 1 çay kaşığı vanilya
- 1/4 çay kaşığı nane yağı

GARNİTÜR İÇİN:
- 1 1/2 bardak beyaz çikolata erir
- 1/2 su bardağı ezilmiş şeker kamışı
- Kırmızı gıda boyası (isteğe bağlı)

TALİMATLAR:

PATE A CHOUX İÇİN:

a) Fırını önceden 425F / 218C'ye ısıtın ve bir fırın tepsisini parşömen kağıdıyla hizalayın.

b) Bir tencerede tereyağını eritip, su ve tuzu ekleyip kaynamaya bırakın.

c) Un ekleyin, hamur topu oluşana kadar çırpın. 20 dakika soğumaya bırakın.

ç) Yumurtaları teker teker ekleyin ve her eklemeden sonra iyice karıştırın.

d) Hamuru bir hamur torbasına aktarın ve fırın tepsisine 4 ila 6 inçlik eklerleri sıkın.

e) 425F/218C'de 10 dakika pişirin, ardından ısıyı 375F/190C'ye düşürün ve altın rengi oluncaya kadar 40-45 dakika pişirin. Fırın kapağını açmayın.

DOLDURMAK İÇİN:

f) Yumuşatılmış tereyağı ve krem peyniri pürüzsüz hale gelinceye kadar çırpın.
g) Şekerli yoğunlaştırılmış süt ekleyin, krema kıvamına gelinceye kadar karıştırın.
ğ) Soğutulmuş ağır kremayı, vanilyayı ve nane yağını ekleyin. Sert zirveler oluşana kadar karıştırın.

EKLERLERİN MONTAJI:
h) Ekleri tamamen soğutun ve doldurmak için delikler açın.
ı) Doldurma ucunu sıkma torbasına aktarın ve uçlarından krema çıkana kadar eklerleri doldurun.
i) Süslemek için eklerleri eritilmiş beyaz çikolataya batırın, ardından ezilmiş baston şekerleri serpin.
j) İsteğe bağlı olarak 1 bardak çırpılmış krema ayırın, kırmızı gıda boyası ekleyin ve sade eklerlerin üzerine sıkın. Ezilmiş şeker kamışlarıyla süsleyin.
k) Birkaç saat içinde tüketilmediği takdirde buzdolabında saklayın. En iyi keyif 2-3 gün içinde alınır.

71.Şekerleme Crunch Eklerleri

İÇİNDEKİLER:
CHOUX PASTA İÇİN:
- 1 bardak su
- 1/2 su bardağı tuzsuz tereyağı
- 1 fincan çok amaçlı un
- 4 büyük yumurta

DOLGU İÇİN:
- 2 bardak şekerleme aromalı pasta kreması

TOFFEE CRUNCH ÜSTÜ İÇİN:
- 1 bardak şekerleme parçaları veya ezilmiş şekerleme şekerleri
- 1/2 bardak kıyılmış fındık (örneğin badem veya ceviz)

GLAZÜR İÇİN:
- 1/2 bardak bitter çikolata, doğranmış
- 1/4 su bardağı tuzsuz tereyağı
- 1 su bardağı pudra şekeri
- 1/4 su bardağı sıcak su

TALİMATLAR:
PASTA HAMURU:

a) Fırınınızı önceden 375°F'ye (190°C) ısıtın ve fırın tepsisini parşömen kağıdıyla kaplayın.

b) Bir tencerede su ve tereyağını birleştirin. Tereyağı eriyene ve karışım kaynayana kadar orta ateşte ısıtın.

c) Ateşten alın, unu ekleyin ve karışım bir top oluşana kadar kuvvetlice karıştırın.

ç) Hamuru birkaç dakika soğumaya bırakın, ardından yumurtaları birer birer ekleyin ve her eklemeden sonra iyice çırpın.

d) Hamuru sıkma torbasına aktarın ve hazırlanan fırın tepsisine eklerleri sıkın.

e) Yaklaşık 30 dakika veya altın rengi kahverengi olana kadar pişirin. Soğumaya bırakın.

DOLGU:

f) Şekerleme aromalı pasta kremasını hazırlayın. Klasik bir pastacı kreması tarifine şekerleme ekstraktı veya ezilmiş şekerleme parçacıkları ekleyebilir veya önceden hazırlanmış şekerleme aromalı pasta kreması kullanabilirsiniz.

g) Eklerleri şekerleme aromalı pastacı kremasıyla sıkma torbası veya küçük bir kaşık kullanarak doldurun.

ŞEKERLEME ÇITIR TİPİ:

ğ) Bir kapta şekerleme parçalarını ve doğranmış fındıkları karıştırın.

h) Şekerleme çıtır malzemesini doldurulmuş eklerlerin üzerine cömertçe serpin, eşit kaplama sağlayın.

SIR:

ı) Isıya dayanıklı bir kapta, bitter çikolatayı ve tereyağını benmari usulü eritin.

i) Ateşten alın, pudra şekeri ekleyin ve yavaş yavaş sıcak suyla pürüzsüz hale gelinceye kadar karıştırın.

j) Her bir eklerin üstünü koyu çikolata sosuna batırın ve eşit kaplama sağlayın. Fazlalığın damlamasına izin verin.

k) Sırlanmış eklerleri bir tepsiye yerleştirin ve çikolata donana kadar soğumaya bırakın.

l) Soğutulmuş olarak servis yapın ve Toffee Crunch Éclairs'in tatlı ve çıtır lezzetinin tadını çıkarın!

72. Pamuk Şeker Eklerleri

İÇİNDEKİLER:

CHOUX PASTA İÇİN:
- 1 bardak su
- 1/2 su bardağı tuzsuz tereyağı
- 1 fincan çok amaçlı un
- 4 büyük yumurta

DOLGU İÇİN:
- 2 su bardağı pamuk şekeri aromalı pastacı kreması

PAMUK ŞEKERİ GARNİTÜRÜ İÇİN:
- Üzeri için pamuk şekeri

GLAZÜR İÇİN:
- 1/2 bardak beyaz çikolata, doğranmış
- 1/4 su bardağı tuzsuz tereyağı
- 1 su bardağı pudra şekeri
- 1/4 su bardağı sıcak su

TALİMATLAR:

PASTA HAMURU:

a) Fırınınızı önceden 375°F'ye (190°C) ısıtın ve fırın tepsisini parşömen kağıdıyla kaplayın.

b) Bir tencerede su ve tereyağını birleştirin. Tereyağı eriyene ve karışım kaynayana kadar orta ateşte ısıtın.

c) Ateşten alın, unu ekleyin ve karışım bir top oluşana kadar kuvvetlice karıştırın.

ç) Hamuru birkaç dakika soğumaya bırakın, ardından yumurtaları birer birer ekleyin ve her eklemeden sonra iyice çırpın.

d) Hamuru sıkma torbasına aktarın ve hazırlanan fırın tepsisine eklerleri sıkın.

e) Yaklaşık 30 dakika veya altın rengi kahverengi olana kadar pişirin. Soğumaya bırakın.

DOLGU:

f) Pamuk şekeri aromalı pastacı kremasını hazırlayın. Klasik pastacı kreması tarifine pamuk şekeri aroması veya ezilmiş pamuk şekeri ekleyebilir veya önceden hazırlanmış pamuk şekeri aromalı pastacı kremasını kullanabilirsiniz.

g) Eklerlerin içini pamuk şekeri aromalı pastacı kremasıyla sıkma torbası veya küçük bir kaşık kullanarak doldurun.

PAMUK ŞEKERİ GARNITÜR:

ğ) Servis yapmadan hemen önce, tuhaf bir dokunuş için her bir eklerin üzerine bir tutam pamuk şeker ekleyin.

SIR:

h) Isıya dayanıklı bir kapta beyaz çikolatayı ve tereyağını benmari usulü eritin.

ı) Ateşten alın, pudra şekeri ekleyin ve yavaş yavaş sıcak suyla pürüzsüz hale gelinceye kadar karıştırın.

i) Her bir eklerin üstünü beyaz çikolata sosuna batırın ve eşit kaplama sağlayın. Fazlalığın damlamasına izin verin.

j) Sırlanmış eklerleri bir tepsiye yerleştirin ve beyaz çikolata donana kadar soğumaya bırakın.

k) Soğuk servis yapın ve Cotton Candy Éclairs'in tatlı nostaljisini yaşayın!

73.Rocky Road Eklerleri

İÇİNDEKİLER:
CHOUX PASTA İÇİN:
- 1 bardak su
- 1/2 su bardağı tuzsuz tereyağı
- 1 fincan çok amaçlı un
- 4 büyük yumurta

DOLGU İÇİN:
- 2 su bardağı çikolatalı mus veya çikolata aromalı pastacı kreması

KAYALIK YOL KAPLAMASI İÇİN:
- 1 su bardağı mini marshmallow
- 1/2 su bardağı kıyılmış fındık (örneğin badem veya ceviz)
- 1/2 bardak çikolata parçacıkları veya parçaları

ÇİKOLATA SIRASI İÇİN:
- 1/2 bardak bitter çikolata, doğranmış
- 1/4 su bardağı tuzsuz tereyağı
- 1 su bardağı pudra şekeri
- 1/4 su bardağı sıcak su

TALİMATLAR:
PASTA HAMURU:
a) Fırınınızı önceden 375°F'ye (190°C) ısıtın ve fırın tepsisini parşömen kağıdıyla kaplayın.
b) Bir tencerede su ve tereyağını birleştirin. Tereyağı eriyene ve karışım kaynayana kadar orta ateşte ısıtın.
c) Ateşten alın, unu ekleyin ve karışım bir top oluşana kadar kuvvetlice karıştırın.
ç) Hamuru birkaç dakika soğumaya bırakın, ardından yumurtaları birer birer ekleyin ve her eklemeden sonra iyice çırpın.
d) Hamuru sıkma torbasına aktarın ve hazırlanan fırın tepsisine eklerleri sıkın.
e) Yaklaşık 30 dakika veya altın rengi kahverengi olana kadar pişirin. Soğumaya bırakın.

DOLGU:
f) Çikolatalı mus veya çikolata aromalı pasta kremasını hazırlayın. Tercihinize göre önceden hazırlanmış bir sürümü kullanabilir veya kendinizinkini oluşturabilirsiniz.

g) Eklerlerin içine çikolatalı mus veya çikolata aromalı pastacı kremasını sıkma torbası veya küçük bir kaşık kullanarak doldurun.

KAYALIK YOL KAPLAMASI:

ğ) Bir kasede mini marshmallowları, kıyılmış fındıkları ve çikolata parçacıklarını karıştırın.

h) Doldurulmuş eklerlerin üzerine kayalık yol kaplamasını cömertçe serpin ve eşit bir kaplama sağlayın.

ÇİKOLATA SOSU:

ı) Isıya dayanıklı bir kapta, bitter çikolatayı ve tereyağını benmari usulü eritin.

i) Ateşten alın, pudra şekeri ekleyin ve yavaş yavaş sıcak suyla pürüzsüz hale gelinceye kadar karıştırın.

j) Her bir eklerin üst kısmını çikolata sosuna batırın ve eşit şekilde kaplayın. Fazlalığın damlamasına izin verin.

k) Sırlanmış eklerleri bir tepsiye yerleştirin ve çikolata donana kadar soğumaya bırakın.

l) Soğutulmuş olarak servis yapın ve Rocky Road Éclairs'de doku ve tatların enfes kombinasyonunun tadını çıkarın!

74.Sakız Eklerleri

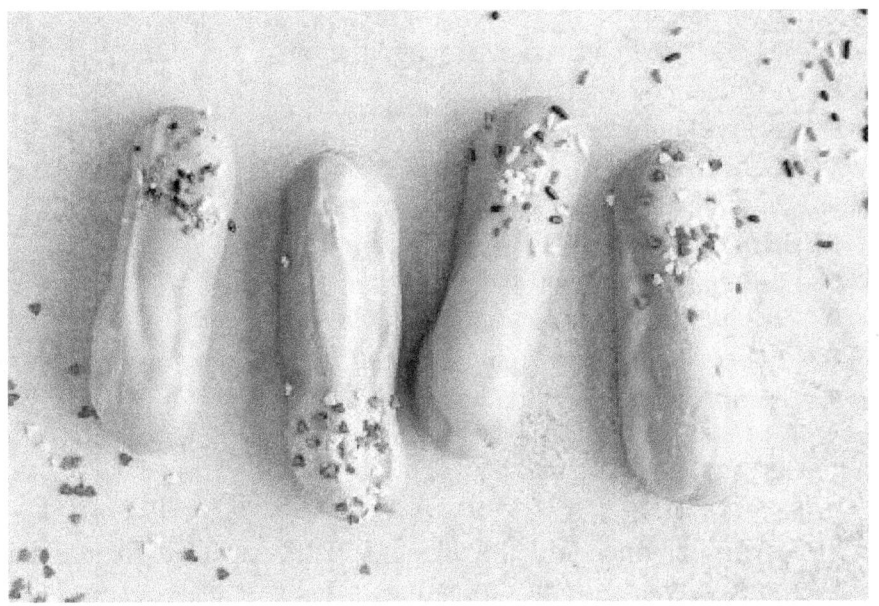

İÇİNDEKİLER:
CHOUX PASTA İÇİN:
- 1 bardak su
- 1/2 su bardağı tuzsuz tereyağı
- 1 fincan çok amaçlı un
- 4 büyük yumurta

DOLGU İÇİN:
- 2 su bardağı sakız aromalı pasta kreması

BUBBLEGUM SIRASI İÇİN:
- 1 su bardağı pudra şekeri
- 2-3 yemek kaşığı süt
- 1-2 çay kaşığı sakız özü veya aroması (tadına göre ayarlayın)
- Pembe veya mavi gıda boyası (isteğe bağlı)

TALİMATLAR:
PASTA HAMURU:

a) Fırınınızı önceden 375°F'ye (190°C) ısıtın ve fırın tepsisini parşömen kağıdıyla kaplayın.

b) Bir tencerede su ve tereyağını birleştirin. Tereyağı eriyene ve karışım kaynayana kadar orta ateşte ısıtın.

c) Ateşten alın, unu ekleyin ve karışım bir top oluşana kadar kuvvetlice karıştırın.

ç) Hamuru birkaç dakika soğumaya bırakın, ardından yumurtaları birer birer ekleyin ve her eklemeden sonra iyice çırpın.

d) Hamuru sıkma torbasına aktarın ve hazırlanan fırın tepsisine eklerleri sıkın.

e) Yaklaşık 30 dakika veya altın rengi kahverengi olana kadar pişirin. Soğumaya bırakın.

DOLGU:

f) Sakız aromalı pasta kremasını hazırlayın. Klasik bir pasta kreması tarifine balonlu sakız özü veya aroması ekleyin veya önceden hazırlanmış balonlu sakız aromalı pasta kremasını kullanın.

g) Eklerlerin içine sakız aromalı pastacı kremasını sıkma torbası veya küçük bir kaşık kullanarak doldurun.

BUBBLEGUM SIRASI:
ğ) Bir kapta pudra şekeri, süt ve sakız ekstraktını birleştirin. Pürüzsüz olana kadar karıştırın.
h) İsterseniz sakız rengini elde etmek için birkaç damla pembe veya mavi gıda boyası ekleyin.
ı) Her bir eklerin üst kısmını balonlu sakız sırına batırın ve eşit bir kaplama sağlayın. Fazlalığın damlamasına izin verin.
i) Sırlı eklerleri bir tepsiye yerleştirin ve glazür sertleşene kadar soğumaya bırakın.
j) Soğuk servis yapın ve Bubblegum Éclairs'in eğlenceli ve eşsiz lezzetini deneyimleyin!

75.Ekşi Yama Narenciye Eklerleri

İÇİNDEKİLER:
CHOUX PASTA İÇİN:
- 1 bardak su
- 1/2 su bardağı tuzsuz tereyağı
- 1 fincan çok amaçlı un
- 4 büyük yumurta

NArenciye DOLGUSU İÇİN:
- 2 su bardağı narenciye katkılı pasta kreması
- (Klasik bir pasta kreması tarifinde limon, misket limonu ve portakal kabuğu rendesini birleştirin veya önceden hazırlanmış narenciye aromalı pasta kreması kullanın.)

EKŞİLİ NArenciye Sırları İçin:
- 1 su bardağı pudra şekeri
- 2-3 yemek kaşığı narenciye suyu (limon, limon veya portakal)
- 1-2 çay kaşığı sitrik asit veya tartarik asit (ekşiliğe göre tadı ayarlayın)
- Bir turunçgil kabuğu rendesi (süslemek için)

TALİMATLAR:
PASTA HAMURU:
a) Fırınınızı önceden 375°F'ye (190°C) ısıtın ve fırın tepsisini parşömen kağıdıyla kaplayın.
b) Bir tencerede su ve tereyağını birleştirin. Tereyağı eriyene ve karışım kaynayana kadar orta ateşte ısıtın.
c) Ateşten alın, unu ekleyin ve karışım bir top oluşana kadar kuvvetlice karıştırın.
ç) Hamuru birkaç dakika soğumaya bırakın, ardından yumurtaları birer birer ekleyin ve her eklemeden sonra iyice çırpın.
d) Hamuru sıkma torbasına aktarın ve hazırlanan fırın tepsisine eklerleri sıkın.
e) Yaklaşık 30 dakika veya altın rengi kahverengi olana kadar pişirin. Soğumaya bırakın.

NArenciye DOLGU:
f) Narenciye katkılı pasta kremasını hazırlayın. Klasik bir pasta kreması tarifinde limon, misket limonu ve portakal kabuğu rendesini birleştirin veya önceden hazırlanmış narenciye aromalı bir pasta kreması kullanın.

g) Eklerleri sıkma torbası veya küçük bir kaşık kullanarak narenciye katkılı pastacı kremasıyla doldurun.

EKŞİ NArenciye Sır:

ğ) Bir kapta pudra şekeri, narenciye suyu ve sitrik asidi birleştirin. Pürüzsüz olana kadar karıştırın. İstenilen ekşilik seviyesine ulaşmak için sitrik asidi ayarlayın.

h) Her bir eklerin üst kısmını ekşi narenciye sosuna batırın ve eşit bir kaplama sağlayın. Fazlalığın damlamasına izin verin.

ı) Garnitür olarak sırlı eklerlerin üzerine bir narenciye kabuğu rendesi serpin.

i) Sırlı eklerleri bir tepsiye yerleştirin ve glazür sertleşene kadar soğumaya bırakın.

j) Soğutulmuş olarak servis yapın ve Sour Patch Citrus Éclairs'in lezzetli ve keskin lezzetinin tadını çıkarın!

76.Meyankökü Aşıklar Éclairs

İÇİNDEKİLER:

CHOUX PASTA İÇİN:
- 1 bardak su
- 1/2 su bardağı tuzsuz tereyağı
- 1 fincan çok amaçlı un
- 4 büyük yumurta

DOLGU İÇİN:
- 2 su bardağı meyankökü aromalı pasta kreması

MEYAN KÖKÜ SIRASI İÇİN:
- 1 su bardağı pudra şekeri
- 2-3 yemek kaşığı meyan kökü şurubu veya özü
- Siyah gıda boyası (renk için isteğe bağlı)
- Su (kıvam için gerektiği kadar)

TALİMATLAR:

PASTA HAMURU:

a) Fırınınızı önceden 375°F'ye (190°C) ısıtın ve fırın tepsisini parşömen kağıdıyla kaplayın.

b) Bir tencerede su ve tereyağını birleştirin. Tereyağı eriyene ve karışım kaynayana kadar orta ateşte ısıtın.

c) Ateşten alın, unu ekleyin ve karışım bir top oluşana kadar kuvvetlice karıştırın.

ç) Hamuru birkaç dakika soğumaya bırakın, ardından yumurtaları birer birer ekleyin ve her eklemeden sonra iyice çırpın.

d) Hamuru sıkma torbasına aktarın ve hazırlanan fırın tepsisine eklerleri sıkın.

e) Yaklaşık 30 dakika veya altın rengi kahverengi olana kadar pişirin. Soğumaya bırakın.

DOLGU:

f) Meyan kökü aromalı pastacı kremasını hazırlayın. Klasik bir pasta kreması tarifine meyan kökü şurubu veya özü ekleyin veya önceden hazırlanmış meyan kökü aromalı bir pasta kreması kullanın.

g) Eklerlerin içini meyankökü aromalı pastacı kremasıyla sıkma torbası veya küçük bir kaşık kullanarak doldurun.

MEYAN SIRASI:

ğ) Bir kapta pudra şekeri ve meyan kökü şurubunu veya ekstraktını birleştirin. İstenilen sır kıvamına gelinceye kadar yavaş yavaş su ekleyin.

h) İstenirse koyu bir meyankökü rengi elde etmek için siyah gıda boyası ekleyin.

ı) Her bir eklerin üst kısmını meyankökü sırına batırın ve eşit şekilde kaplayın. Fazlalığın damlamasına izin verin.

i) Sırlı eklerleri bir tepsiye yerleştirin ve glazür sertleşene kadar soğumaya bırakın.

j) Soğutulmuş olarak servis yapın ve Meyankökü Severler Éclairs'in cesur ve eşsiz lezzetini deneyimleyin!

KAHVE AROMALI EKLER

77. Kapuçino Eklerleri

İÇİNDEKİLER:

- 1 parti ev yapımı veya mağazadan satın alınan pasta hamuru kabukları
- 1 bardak ağır krema
- 2 yemek kaşığı hazır kahve granülü
- ¼ su bardağı pudra şekeri
- ½ çay kaşığı vanilya özü
- ¼ bardak kakao tozu (tozunu almak için)

TALİMATLAR:

a) Ekler böreği kabuklarını tarife veya paket talimatlarına göre hazırlayın ve soğumaya bırakın.
b) Küçük bir kapta hazır kahve granüllerini birkaç yemek kaşığı sıcak suda eritin. Soğumasına izin verin.
c) Ayrı bir kapta kremayı, pudra şekerini ve vanilya özünü sert zirveler oluşana kadar çırpın.
ç) Kahve karışımını çırpılmış kremaya yavaşça katlayın.
d) Her bir ekler kabuğunu yatay olarak ikiye bölün ve içlerini kahve aromalı krem şanti ile doldurun.
e) Eklerlerin üst kısımlarını kakao tozu ile tozlayın.
f) Ev yapımı kapuçino eklerlerinizi servis edin ve tadını çıkarın!

78.Tiramisu Eklerleri

İÇİNDEKİLER:
EKLER HAMUR:
- 3 büyük yumurta, oda sıcaklığında
- 1/2 su bardağı su
- 4 1/2 yemek kaşığı tuzsuz tereyağı, 1/2-inç küpler halinde kesilmiş
- 3 yemek kaşığı toz şeker
- 3/4 su bardağı elenmiş çok amaçlı un
- 1 yemek kaşığı hazır kahve
- 1 1/2 çay kaşığı öğütülmüş tarçın

MASCARPONE DOLGU:
- 8 ons mascarpone peyniri
- 1/2 bardak ağır krema
- 6 yemek kaşığı toz şeker
- 2 yemek kaşığı hafif rom

SIR:
- 1/2 su bardağı şekerleme şekeri
- 5 çay kaşığı ağır krema

TALİMATLAR:
EKLER HAMUR:
a) Fırını önceden 425 derece F'ye ısıtın. İki fırın tepsisini pişirme parşömeniyle kaplayın.
b) Bir cam ölçüm kabında yumurtaları karışana kadar karıştırın. Küçük bir bardağa 2 yemek kaşığı çırpılmış yumurta ayırın.
c) Orta ağır bir tencerede su, tereyağı ve şekeri birleştirin. Tereyağı eriyene kadar orta ateşte ısıtın.
ç) Isıyı orta-yüksek seviyeye yükseltin ve karışımı kaynatın. Ateşten alın.
d) Tel çırpıcı kullanarak un, hazır kahve ve tarçını ekleyip karıştırın. Karışım pürüzsüz hale gelinceye ve tavanın kenarından çekilinceye kadar 20 ila 30 saniye boyunca kuvvetlice çırpın.
e) Tavayı tekrar ateşe verin, tahta kaşıkla sürekli karıştırarak pişirin. Macun çok pürüzsüz bir top oluşturana kadar 30 ila 60 saniye pişirin. Macunu büyük bir kaseye aktarın.

f) Ayrılmış 1/2 bardak çırpılmış yumurtayı hamurun üzerine dökün ve karışım pürüzsüz, yumuşak bir hamur oluşana kadar tahta bir kaşıkla 45 ila 60 saniye kuvvetlice çırpın. Hamur, kaşıkla alındığında şeklini korumalı, ancak eğildiğinde kaşıktan yavaşça kayacak kadar yumuşak olmalıdır.

g) Pasta hamuruyla 5/16 inçlik düz uçlu bir hamur torbası doldurun. Hazırlanan fırın tepsilerine yaklaşık 1/2 inç genişliğinde 5 inçlik şeritler sıkın ve ekler arasında yaklaşık 1 1/2 inç bırakın.

ğ) Kalan çırpılmış yumurtayı eklerlerin üstlerine hafifçe fırçalayın.

h) Ekleri 10 dakika pişirin, ardından fırın sıcaklığını 375 F'ye düşürün. Çıtır çıtır olana kadar 20 ila 25 dakika pişirmeye devam edin. Eklerleri tel rafa aktarın ve tamamen soğutun.

MASCARPONE DOLGU:

ı) Büyük bir kapta mascarpone peynirini, kremayı ve şekeri pürüzsüz hale gelinceye kadar çırpın.

i) Romu karıştırın.

SIR:

j) Küçük bir kapta şekerleme şekerini ağır kremayla birleştirin. Pürüzsüz olana kadar karıştırın.

EKLERLERİ BİRLEŞTİRİN VE SIRLAYIN:

k) Ekleri ikiye bölün ve nemli hamurları çıkarın.

l) Her ekleri yaklaşık üç yemek kaşığı mascarpone dolgusu ile doldurun.

m) Her eklerin üstünü değiştirin.

n) Sırları her eklerin üstüne yayın.

o) İsteğe göre üzerine elenmiş kakao tozu serpin ve krem şanti ile süsleyin.

79.Mocha Eklerleri

İÇİNDEKİLER:
PASTA HAMURU:
- 1 Choux Böreği

KAHVE KREM PATISIYER:
- 2 çay kaşığı Vanilya Ekstraktı
- 500 ml Süt
- 120 gr Şeker
- 50 gr Sade Un
- 120 gr Yumurta Sarısı (yaklaşık 6 yumurta)
- 60 ml Espresso
- 10 gr Hazır Kahve

ÇİKOLATA CRQUELIN:
- 80 gr Sade Un
- 10 gr Kakao Tozu
- 90 gr Pudra Şekeri
- 75 gr Tuzsuz Tereyağı (küp küp)

ÇİKOLATA SOSU:
- 500 gr Fondan Pudra Şekeri
- 50 gr Bitter Çikolata (eritilmiş)
- su

DEKORE ETMEK:
- Kahve çekirdekleri
- Kakao Nibleri

TALİMATLAR:
PASTA HAMURU:

a) Fırınınızı önceden 200°C'ye (180°C fanlı) ısıtın ve fırın tepsisini parşömen kağıdıyla kaplayın.

b) Choux böreğini favori tarifinize göre veya tercih ederseniz mağazadan satın alınan hamur işlerini kullanarak hazırlayın.

c) Choux hamurlarını hazırlanan tepsiye éclair şekillerine sıkın. Altın kahverengi olana ve kabarıncaya kadar pişirin. Soğumaya bırakın.

KAHVE KREM PATISIYER:

ç) Bir tencerede süt, şeker, vanilya özü, sade un ve hazır kahveyi birleştirin. Pürüzsüz olana kadar çırpın.

d) Karışımı orta ateşte, sürekli karıştırarak koyulaşana kadar ısıtın.
e) Ayrı bir kapta yumurta sarılarını çırpın. Sıcak süt karışımından bir kepçe yumurta sarılarına yavaş yavaş ve sürekli çırparak ekleyin.
f) Yumurta sarısı karışımını tekrar tencereye dökün ve muhallebi koyulaşana kadar pişirmeye devam edin.
g) Ateşten alın ve espressoyla karıştırın. Soğumaya bırakın.

ÇİKOLATA CRQUELIN:
ğ) Bir kapta sade un, kakao tozu, pudra şekeri ve küp tuzsuz tereyağını hamur kıvamına gelinceye kadar karıştırın.
h) Hamuru iki yağlı kağıt arasında istediğiniz kalınlıkta açın.
ı) Hamuru sertleşinceye kadar buzdolabında soğutun. Sertleştikten sonra eklerlerin üzerine yerleştirmek için yuvarlaklar kesin.

ÇİKOLATA SOSU:
i) Bitter çikolatayı eritip biraz soğumasını bekleyin.
j) Bir kapta fondan pudra şekeri ve eritilmiş çikolatayı birleştirin. Pürüzsüz, dökülebilir bir kıvam elde edinceye kadar yavaş yavaş su ekleyin.

TOPLANTI:
k) Soğuyan eklerleri yatay olarak ikiye bölün.
l) Kahveli kremalı pastayı krema poşetine doldurun ve her eklerin alt yarısına sıkın.
m) Çikolatalı craquelin'i kremalı pastacının üzerine yerleştirin.
n) Her bir eklerin üst kısmını çikolata sosuna batırın ve fazlasının damlamasını sağlayın.
o) Çikolatalı kremanın donmasına izin verin.
ö) Kahve çekirdekleri ve kakao parçacıklarıyla süsleyin.

80.Espresso Fasulyesi Crunch Eklerleri

İÇİNDEKİLER:

CHOUX PASTA İÇİN:
- 1 bardak su
- 1/2 su bardağı tuzsuz tereyağı
- 1 fincan çok amaçlı un
- 4 büyük yumurta

DOLGU İÇİN:
- 2 su bardağı kahve aromalı pasta kreması

ESPRESSO FASULYE ÇITIR TESİSATI İÇİN:
- 1/2 bardak çikolata kaplı espresso çekirdekleri, ince doğranmış

KAHVE SIRASI İÇİN:
- 1/2 bardak bitter çikolata, doğranmış
- 1/4 su bardağı tuzsuz tereyağı
- 1 su bardağı pudra şekeri
- 1-2 yemek kaşığı demlenmiş güçlü kahve veya espresso

TALİMATLAR:

PASTA HAMURU:

a) Fırınınızı önceden 375°F'ye (190°C) ısıtın ve fırın tepsisini parşömen kağıdıyla kaplayın.
b) Bir tencerede su ve tereyağını birleştirin. Tereyağı eriyene ve karışım kaynayana kadar orta ateşte ısıtın.
c) Ateşten alın, unu ekleyin ve karışım bir top oluşana kadar kuvvetlice karıştırın.
ç) Hamuru birkaç dakika soğumaya bırakın, ardından yumurtaları birer birer ekleyin ve her eklemeden sonra iyice çırpın.
d) Hamuru sıkma torbasına aktarın ve hazırlanan fırın tepsisine eklerleri sıkın.
e) Yaklaşık 30 dakika veya altın rengi kahverengi olana kadar pişirin. Soğumaya bırakın.

DOLGU:

f) Kahve aromalı pastacı kremasını hazırlayın. Klasik bir pasta kreması tarifine kahve veya espresso ekleyin veya önceden hazırlanmış kahve aromalı bir pasta kreması kullanın.
g) Eklerlerin içine kahve aromalı pastacı kremasını sıkma torbası veya küçük bir kaşık kullanarak doldurun.
ğ) Espresso Fasulyesi Crunch Tepesi:

h) Çikolata kaplı espresso çekirdeklerini ince ince doğrayın.
ı) Kıyılmış espresso çekirdeklerini doldurulmuş eklerlerin üzerine cömertçe serpin ve eşit bir kaplama sağlayın.

KAHVE SIRASI:
i) Isıya dayanıklı bir kapta, bitter çikolatayı ve tereyağını benmari usulü eritin.
j) Ateşten alın, pudra şekeri ekleyin ve demlenmiş güçlü kahve veya espressoyu pürüzsüz hale gelinceye kadar yavaş yavaş karıştırın.
k) Her bir eklerin üst kısmını kahve kremasına batırın ve eşit şekilde kaplayın. Fazlalığın damlamasına izin verin.
l) Sırlanmış eklerleri bir tepsiye yerleştirin ve çikolata donana kadar soğumaya bırakın.
m) Soğutulmuş olarak servis yapın ve Espresso Bean Crunch Éclairs'de kahve aroması ve çıtır espresso çekirdeği tepesinin enfes kombinasyonunun tadını çıkarın!

81.İrlanda Kahvesi Eklerleri

İÇİNDEKİLER:
CHOUX PASTA İÇİN:
- 1 bardak su
- 1/2 su bardağı tuzsuz tereyağı
- 1 fincan çok amaçlı un
- 4 büyük yumurta

DOLGU İÇİN:
- 2 bardak İrlanda kahvesi aromalı pasta kreması
- (Klasik bir pasta kreması tarifinde kahveyi, İrlanda kremasını ve bir miktar viskiyi birleştirin veya önceden hazırlanmış İrlanda kahvesi aromalı pasta kremasını kullanın.)

İRLANDA KAHVESİ SIRASI İÇİN:
- 1/2 bardak beyaz çikolata, doğranmış
- 1/4 su bardağı tuzsuz tereyağı
- 1 su bardağı pudra şekeri
- 1-2 yemek kaşığı İrlanda kreması

TALİMATLAR:
PASTA HAMURU:

a) Fırınınızı önceden 375°F'ye (190°C) ısıtın ve fırın tepsisini parşömen kağıdıyla kaplayın.

b) Bir tencerede su ve tereyağını birleştirin. Tereyağı eriyene ve karışım kaynayana kadar orta ateşte ısıtın.

c) Ateşten alın, unu ekleyin ve karışım bir top oluşana kadar kuvvetlice karıştırın.

ç) Hamuru birkaç dakika soğumaya bırakın, ardından yumurtaları birer birer ekleyin ve her eklemeden sonra iyice çırpın.

d) Hamuru sıkma torbasına aktarın ve hazırlanan fırın tepsisine eklerleri sıkın.

e) Yaklaşık 30 dakika veya altın rengi kahverengi olana kadar pişirin. Soğumaya bırakın.

DOLGU:

f) İrlanda kahvesi aromalı pasta kremasını hazırlayın. Klasik bir pasta kreması tarifinde kahveyi, İrlanda kremasını ve bir miktar viskiyi birleştirin veya önceden hazırlanmış İrlanda kahvesi aromalı pasta kremasını kullanın.

g) Eklerleri İrlanda kahvesi aromalı pastacı kremasıyla sıkma torbası veya küçük bir kaşık kullanarak doldurun.

İRLANDA KAHVESİ SIRASI:

ğ) Isıya dayanıklı bir kapta çikolata ve tereyağını benmari usulü eritin.

h) Ateşten alın, pudra şekeri ekleyin ve İrlanda kremasını yavaş yavaş pürüzsüz hale gelinceye kadar karıştırın.

ı) Her bir eklerin üstünü İrlanda kahvesi sırına batırın ve eşit bir kaplama sağlayın. Fazlalığın damlamasına izin verin.

i) Sırlanmış eklerleri bir tepsiye yerleştirin ve çikolata donana kadar soğumaya bırakın.

j) Soğutulmuş olarak servis yapın ve İrlanda Kahvesi Eklerlerinin zengin ve hoşgörülü lezzetinin tadını çıkarın!

82.Vanilyalı Latte Eklerleri

İÇİNDEKİLER:
CHOUX PASTA İÇİN:
- 1 bardak su
- 1/2 su bardağı tuzsuz tereyağı
- 1 fincan çok amaçlı un
- 4 büyük yumurta

DOLGU İÇİN:
- 2 su bardağı vanilyalı latte aromalı pasta kreması
- (Vanilya ekstraktını ve güçlü demlenmiş kahveyi veya espressoyu klasik bir pasta kreması tarifinde birleştirin veya önceden hazırlanmış vanilyalı latte aromalı pasta kremasını kullanın.)

KAHVE SIRASI İÇİN:
- 1/2 bardak bitter çikolata, doğranmış
- 1/4 su bardağı tuzsuz tereyağı
- 1 su bardağı pudra şekeri
- 1-2 yemek kaşığı demlenmiş güçlü kahve veya espresso

TALİMATLAR:
PASTA HAMURU:
a) Fırınınızı önceden 375°F'ye (190°C) ısıtın ve fırın tepsisini parşömen kağıdıyla kaplayın.
b) Bir tencerede su ve tereyağını birleştirin. Tereyağı eriyene ve karışım kaynayana kadar orta ateşte ısıtın.
c) Ateşten alın, unu ekleyin ve karışım bir top oluşana kadar kuvvetlice karıştırın.
ç) Hamuru birkaç dakika soğumaya bırakın, ardından yumurtaları birer birer ekleyin ve her eklemeden sonra iyice çırpın.
d) Hamuru sıkma torbasına aktarın ve hazırlanan fırın tepsisine eklerleri sıkın.
e) Yaklaşık 30 dakika veya altın rengi kahverengi olana kadar pişirin. Soğumaya bırakın.

DOLGU:
f) Vanilyalı latte aromalı pastacı kremasını hazırlayın. Vanilya ekstraktını ve güçlü demlenmiş kahveyi veya espressoyu klasik bir pasta kreması tarifinde birleştirin veya önceden hazırlanmış vanilyalı latte aromalı pasta kreması kullanın.

g) Eklerlerin içine vanilyalı latte aromalı pastacı kremasını sıkma torbası veya küçük bir kaşık kullanarak doldurun.

KAHVE SIRASI:

ğ) Isıya dayanıklı bir kapta, bitter çikolatayı ve tereyağını benmari usulü eritin.

h) Ateşten alın, pudra şekeri ekleyin ve demlenmiş güçlü kahve veya espressoyu pürüzsüz hale gelinceye kadar yavaş yavaş karıştırın.

ı) Her bir eklerin üst kısmını kahve kremasına batırın ve eşit şekilde kaplayın. Fazlalığın damlamasına izin verin.

i) Sırlanmış eklerleri bir tepsiye yerleştirin ve çikolata donana kadar soğumaya bırakın.

j) Soğumuş olarak servis yapın ve Vanilla Latte Éclairs'de vanilya ve kahve lezzetlerinin uyumlu karışımının tadını çıkarın!

83.Karamel Macchiato Eklerleri

İÇİNDEKİLER:
CHOUX PASTA İÇİN:
- 1 bardak su
- 1/2 su bardağı tuzsuz tereyağı
- 1 fincan çok amaçlı un
- 4 büyük yumurta

DOLGU İÇİN:
- 2 su bardağı karamelli macchiato aromalı pasta kreması
- (Klasik bir pasta kreması tarifinde karamel sosu ve güçlü demlenmiş kahve veya espressoyu birleştirin veya önceden hazırlanmış karamelli macchiato aromalı pasta kreması kullanın.)

KARAMEL SIRASI İÇİN:
- 1/2 su bardağı karamel sosu
- 1/4 su bardağı tuzsuz tereyağı
- 1 su bardağı pudra şekeri
- 1-2 yemek kaşığı demlenmiş güçlü kahve veya espresso

TALİMATLAR:
PASTA HAMURU:
a) Fırınınızı önceden 375°F'ye (190°C) ısıtın ve fırın tepsisini parşömen kağıdıyla kaplayın.
b) Bir tencerede su ve tereyağını birleştirin. Tereyağı eriyene ve karışım kaynayana kadar orta ateşte ısıtın.
c) Ateşten alın, unu ekleyin ve karışım bir top oluşana kadar kuvvetlice karıştırın.
ç) Hamuru birkaç dakika soğumaya bırakın, ardından yumurtaları birer birer ekleyin ve her eklemeden sonra iyice çırpın.
d) Hamuru sıkma torbasına aktarın ve hazırlanan fırın tepsisine eklerleri sıkın.
e) Yaklaşık 30 dakika veya altın rengi kahverengi olana kadar pişirin. Soğumaya bırakın.

DOLGU:
f) Karamelli macchiato aromalı pastacı kremasını hazırlayın. Klasik bir pasta kreması tarifinde karamel sosu ve güçlü demlenmiş kahve veya espressoyu birleştirin veya önceden

hazırlanmış karamelli macchiato aromalı pasta kremasını kullanın.

g) Eklerlerin içine karamelli macchiato aromalı pastacı kremasını sıkma torbası veya küçük bir kaşık kullanarak doldurun.

KARAMEL SIR:

ğ) Bir tencerede karamel sosu ve tereyağını birleştirin. Karışım pürüzsüz hale gelinceye kadar orta ateşte ısıtın.

h) Ateşten alın, pudra şekeri ekleyin ve demlenmiş güçlü kahve veya espressoyu pürüzsüz hale gelinceye kadar yavaş yavaş karıştırın.

ı) Her bir eklerin üst kısmını karamel sosa batırın ve eşit bir kaplama sağlayın. Fazlalığın damlamasına izin verin.

i) Sırlı eklerleri bir tepsiye yerleştirin ve karamel katılaşana kadar soğumaya bırakın.

84.Fındıklı Kahveli Ekler

İÇİNDEKİLER:
CHOUX PASTA İÇİN:
- 1 bardak su
- 1/2 su bardağı tuzsuz tereyağı
- 1 fincan çok amaçlı un
- 4 büyük yumurta

DOLGU İÇİN:
- 2 su bardağı fındıklı kahve aromalı pastacı kreması
- (Fındık ekstraktını ve güçlü demlenmiş kahveyi veya espressoyu klasik bir pastacı kreması tarifinde birleştirin veya önceden hazırlanmış fındıklı kahve aromalı pastacı kremasını kullanın.)

FINDIK KAHVE SIRASI İÇİN:
- 1/2 bardak bitter çikolata, doğranmış
- 1/4 su bardağı tuzsuz tereyağı
- 1 su bardağı pudra şekeri
- 1-2 yemek kaşığı demlenmiş sert fındıklı kahve veya espresso

TALİMATLAR:
PASTA HAMURU:

a) Fırınınızı önceden 375°F'ye (190°C) ısıtın ve fırın tepsisini parşömen kağıdıyla kaplayın.

b) Bir tencerede su ve tereyağını birleştirin. Tereyağı eriyene ve karışım kaynayana kadar orta ateşte ısıtın.

c) Ateşten alın, unu ekleyin ve karışım bir top oluşana kadar kuvvetlice karıştırın.

ç) Hamuru birkaç dakika soğumaya bırakın, ardından yumurtaları birer birer ekleyin ve her eklemeden sonra iyice çırpın.

d) Hamuru sıkma torbasına aktarın ve hazırlanan fırın tepsisine eklerleri sıkın.

e) Yaklaşık 30 dakika veya altın rengi kahverengi olana kadar pişirin. Soğumaya bırakın.

DOLGU:

f) Fındıklı kahve aromalı pastacı kremasını hazırlayın. Fındık ekstraktını ve güçlü demlenmiş fındık kahvesini veya espressoyu klasik bir pasta kreması tarifinde birleştirin veya önceden hazırlanmış fındıklı kahve aromalı pasta kremasını kullanın.

g) Fındıklı kahve aromalı pastacı kremasını sıkma torbası veya küçük bir kaşık kullanarak eklerlerin içine doldurun.

FINDIK KAHVE SIRASI:

ğ) Isıya dayanıklı bir kapta, bitter çikolatayı ve tereyağını benmari usulü eritin.

h) Ateşten alın, pudra şekeri ekleyin ve demlenmiş güçlü fındık kahvesi veya espressoyu pürüzsüz hale gelinceye kadar yavaş yavaş karıştırın.

ı) Her bir eklerin üst kısmını fındıklı kahve kremasına batırın ve eşit şekilde kaplayın. Fazlalığın damlamasına izin verin.

i) Sırlanmış eklerleri bir tepsiye yerleştirin ve çikolata donana kadar soğumaya bırakın.

j) Fındıklı Kahve Eklerleri'nde soğuk olarak servis yapın ve fındık ve kahve lezzetlerinin zengin kombinasyonunun tadını çıkarın!

PEYNİRLİ EKLER

85. Yaban mersinli cheesecake Eclair

İÇİNDEKİLER:
CHOUX PASTA İÇİN:
- 1 bardak su
- 1/2 su bardağı tuzsuz tereyağı
- 1 fincan çok amaçlı un
- 4 büyük yumurta

CHEESECAKE DOLGUSU İÇİN:
- 2 su bardağı krem peynir, yumuşatılmış
- 1 su bardağı pudra şekeri
- 1 çay kaşığı vanilya özü
- 1 bardak yaban mersini kompostosu (ev yapımı veya mağazadan satın alınmış)

YABAN MERSİNİ SIRASI İÇİN:
- 1 su bardağı taze yaban mersini
- 1/4 su bardağı toz şeker
- 1 yemek kaşığı limon suyu

TALİMATLAR:
PASTA HAMURU:
a) Fırınınızı önceden 375°F'ye (190°C) ısıtın ve fırın tepsisini parşömen kağıdıyla kaplayın.
b) Bir tencerede su ve tereyağını birleştirin. Tereyağı eriyene ve karışım kaynayana kadar orta ateşte ısıtın.
c) Ateşten alın, unu ekleyin ve karışım bir top oluşana kadar kuvvetlice karıştırın.
ç) Hamuru birkaç dakika soğumaya bırakın, ardından yumurtaları birer birer ekleyin ve her eklemeden sonra iyice çırpın.
d) Hamuru sıkma torbasına aktarın ve hazırlanan fırın tepsisine éclair şekilleri sıkın.
e) Yaklaşık 30 dakika veya altın rengi kahverengi olana kadar pişirin. Soğumaya bırakın.

PEYNİRLİ KEK DOLGUSU:
f) Bir karıştırma kabında yumuşatılmış krem peyniri pürüzsüz hale gelinceye kadar çırpın.
g) Pudra şekeri ve vanilya özütünü ekleyin ve iyice birleşene kadar çırpmaya devam edin.
ğ) Sıkma torbasını cheesecake dolgusu ile doldurun.

h) Eklerler soğuduktan sonra, her eklerin bir tarafına küçük bir kesi yapın ve cheesecake dolgusunu ortasına sıkın.
ı) Cheesecake dolgusunun üzerine kaşıkla yaban mersini kompostosu dökün.

YABANMERSİNİ SIRASI:

i) Bir tencerede taze yaban mersini, toz şeker ve limon suyunu birleştirin.
j) Yaban mersini patlayana ve karışım koyulaşıp sır haline gelinceye kadar orta ateşte pişirin.
k) Tohumları ve kabukları çıkarmak için sırını süzün.
l) Yaban mersini sırının hafifçe soğumasını bekleyin.
m) Doldurulmuş eklerlerin üzerine yaban mersinli kremayı kaşıkla dökün.
n) Sırlı eklerleri buzdolabına koyarak sırın sertleşmesini sağlayın.
o) Soğumuş olarak servis yapın ve Blueberry Cheesecake Éclair'de yaban mersini ve cheesecake'in lezzetli birleşiminin tadını çıkarın!

86.Gouda Sırlı Eklerler

İÇİNDEKİLER:
- 1 bardak su
- 1/2 su bardağı tuzsuz tereyağı
- 1 fincan çok amaçlı un
- 4 büyük yumurta
- 1/2 çay kaşığı tuz
- 1 su bardağı rendelenmiş Gouda peyniri

DOLGU İÇİN:
- 2 su bardağı krem peynir
- 1/2 su bardağı pudra şekeri
- 1 çay kaşığı vanilya özü

GLAZÜR İÇİN:
- 1 bardak Gouda peyniri, kıyılmış
- 1/2 bardak ağır krema
- 1 su bardağı pudra şekeri
- 1 çay kaşığı vanilya özü

TALİMATLAR:
EKLER BÖREĞİ:
a) Fırınınızı 200°C'ye (400°F) önceden ısıtın. Bir fırın tepsisini parşömen kağıdıyla hizalayın.
b) Orta boy bir tencerede su, tereyağı ve tuzu birleştirin. Orta ateşte kaynamaya getirin.
c) Karışım bir top oluşana kadar kuvvetlice karıştırarak unu bir kerede ekleyin. Ateşten alın ve birkaç dakika soğumaya bırakın.
ç) Hamur pürüzsüz hale gelinceye kadar yumurtaları birer birer çırpın.
d) Rendelenmiş Gouda peynirini iyice birleşene kadar karıştırın.
e) Hamuru büyük yuvarlak uçlu bir sıkma torbasına aktarın. Hazırlanan fırın tepsisine 4 inçlik şeritler sıkın.
f) 15-20 dakika veya altın kahverengi ve kabarıncaya kadar pişirin. Eklerlerin tamamen soğumasını bekleyin.

DOLGU:
g) Bir karıştırma kabında krem peyniri, pudra şekerini ve vanilya özünü pürüzsüz hale gelinceye kadar çırpın.
ğ) Eklerler soğuduktan sonra yatay olarak ikiye bölün ve alt yarılara krem peynir dolgusunu sıkın veya kaşıklayın.

SIR:
h) Küçük bir tencerede Gouda peynirini, kremayı, pudra şekerini ve vanilya özünü kısık ateşte birleştirin.
ı) Peynir eriyene ve sır pürüzsüz hale gelinceye kadar karıştırın. Ateşten alın.
i) Sırları doldurulmuş eklerlerin üzerine gezdirin.
j) Hizmet edin ve tadını çıkarın!
k) Gouda Sırlı Eklerler keyfini çıkarmaya hazır. Bunları soğutulmuş olarak servis edin ve kremalı dolgu ve peynirli sırın enfes kombinasyonunun tadını çıkarın.

87.Ahududu Girdaplı Cheesecake Ekleri

İÇİNDEKİLER:
CHOUX PASTA İÇİN:
- 1 bardak su
- 1/2 su bardağı tuzsuz tereyağı
- 1 fincan çok amaçlı un
- 4 büyük yumurta
- 1/2 çay kaşığı tuz

CHEESECAKE DOLGUSU İÇİN:
- 2 su bardağı krem peynir, yumuşatılmış
- 1/2 su bardağı toz şeker
- 1 çay kaşığı vanilya özü

Ahududu girdabı için:
- 1 su bardağı taze veya dondurulmuş ahududu
- 1/4 su bardağı toz şeker
- 1 yemek kaşığı su

GLAZÜR İÇİN:
- 1 su bardağı pudra şekeri
- 2 yemek kaşığı süt
- 1/2 çay kaşığı vanilya özü

TALİMATLAR:
PASTA HAMURU:
a) Fırınınızı 200°C'ye (400°F) önceden ısıtın. Bir fırın tepsisini parşömen kağıdıyla hizalayın.
b) Orta boy bir tencerede, su ve tereyağını orta ateşte kaynatın.
c) Karışım bir top oluşana kadar sürekli karıştırarak un ve tuzu ekleyin.
ç) Ateşten alın ve birkaç dakika soğumaya bırakın.
d) Hamur pürüzsüz hale gelinceye kadar yumurtaları birer birer çırpın.
e) Hamuru büyük yuvarlak uçlu bir sıkma torbasına aktarın. Hazırlanan fırın tepsisine 4 inçlik şeritler sıkın.
f) 15-20 dakika veya altın kahverengi ve kabarıncaya kadar pişirin. Eklerlerin tamamen soğumasını bekleyin.

PEYNİRLİ KEK DOLGUSU:
g) Bir karıştırma kabında krem peyniri, şekeri ve vanilya özünü pürüzsüz hale gelinceye kadar çırpın.

ğ) Eklerler soğuduktan sonra yatay olarak ikiye bölün ve cheesecake dolgusunu alt yarılara sıkın veya kaşıkla sıkın.

Ahududu girdabı:

h) Küçük bir tencerede ahududu, şeker ve suyu birleştirin. Ahududular parçalanıp karışım koyulaşana kadar orta ateşte pişirin.

ı) Ahududu karışımını süzerek çekirdeklerini çıkarın ve pürüzsüz bir ahududu sosu bırakın.

TOPLANTI:

i) Ahududu sosunu her bir eklerdeki cheesecake dolgusunun üzerine kaşıkla dökün.

j) Eklerlerin üst yarımlarını tekrar yerleştirin.

SIR:

k) Küçük bir kapta pudra şekeri, süt ve vanilya özütünü pürüzsüz hale gelinceye kadar çırpın.

l) Sırları bir araya getirilen eklerlerin üzerine gezdirin.

m) Soğutun ve servis yapın:

n) Ahududu Girdaplı Cheesecake Eklerlerini servis etmeden önce en az bir saat buzdolabında saklayın. Kremalı cheesecake, tart ahududulu girdap ve hafif choux böreğinin enfes kombinasyonunun tadını çıkarın!

88.Çikolatalı Mermer Cheesecake Eklerleri

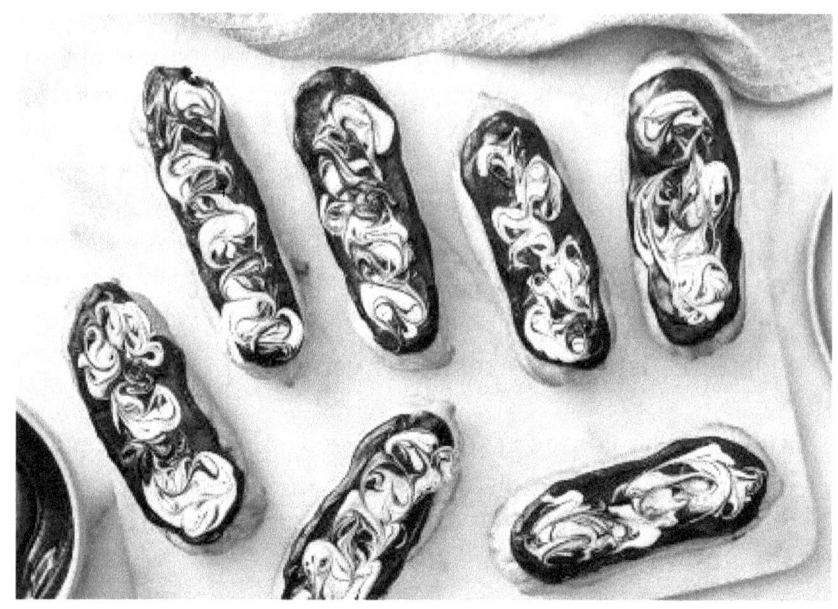

İÇİNDEKİLER:

CHOUX PASTA İÇİN:
- 1 bardak su
- 1/2 su bardağı tuzsuz tereyağı
- 1 fincan çok amaçlı un
- 4 büyük yumurta
- 1/2 çay kaşığı tuz

CHEESECAKE DOLGUSU İÇİN:
- 2 su bardağı krem peynir, yumuşatılmış
- 1/2 su bardağı toz şeker
- 1 çay kaşığı vanilya özü

ÇİKOLATA MERMER GIRDAP İÇİN:
- 1/2 su bardağı yarı tatlı çikolata parçacıkları
- 2 yemek kaşığı tuzsuz tereyağı

ÇİKOLATA SIRASI İÇİN:
- 1/2 su bardağı yarı tatlı çikolata parçacıkları
- 1/4 bardak ağır krema
- 2 yemek kaşığı pudra şekeri

TALİMATLAR:

PASTA HAMURU:
a) Fırınınızı 200°C'ye (400°F) önceden ısıtın. Bir fırın tepsisini parşömen kağıdıyla hizalayın.
b) Orta boy bir tencerede, su ve tereyağını orta ateşte kaynatın.
c) Karışım bir top oluşana kadar sürekli karıştırarak un ve tuzu ekleyin.
ç) Ateşten alın ve birkaç dakika soğumaya bırakın.
d) Hamur pürüzsüz hale gelinceye kadar yumurtaları birer birer çırpın.
e) Hamuru büyük yuvarlak uçlu bir sıkma torbasına aktarın. Hazırlanan fırın tepsisine 4 inçlik şeritler sıkın.
f) 15-20 dakika veya altın kahverengi ve kabarıncaya kadar pişirin. Eklerlerin tamamen soğumasını bekleyin.

PEYNİRLİ KEK DOLGUSU:
g) Bir karıştırma kabında krem peyniri, şekeri ve vanilya özünü pürüzsüz hale gelinceye kadar çırpın.

ğ) Eklerler soğuduktan sonra yatay olarak ikiye bölün ve cheesecake dolgusunu alt yarılara sıkın veya kaşıkla sıkın.

ÇİKOLATA MERMER GIRDAP:

h) Çikolata parçacıklarını ve tereyağını ısıya dayanıklı bir kapta, kaynayan suyun üzerinde veya mikrodalgada eritin.

ı) Her bir pastanın içindeki cheesecake dolgusunun üzerine eritilmiş çikolata karışımını gezdirin. Mermer girdap deseni oluşturmak için kürdan kullanın.

ÇİKOLATA SOSU:

i) Küçük bir tencerede çikolata parçacıklarını, kremayı ve pudra şekerini kısık ateşte pürüzsüz hale gelinceye kadar karıştırarak ısıtın.

j) Çikolata sosunu bir araya getirilen eklerlerin üzerine gezdirin.

k) Soğutun ve servis yapın:

l) Çikolatalı Mermer Cheesecake Eklerlerini servis etmeden önce en az bir saat buzdolabında saklayın. Kremalı cheesecake, çikolatalı mermer girdap ve hafif choux böreğinin lezzetli kombinasyonunun tadını çıkarın!

89.Tuzlu Karamelli Cheesecake Eclair

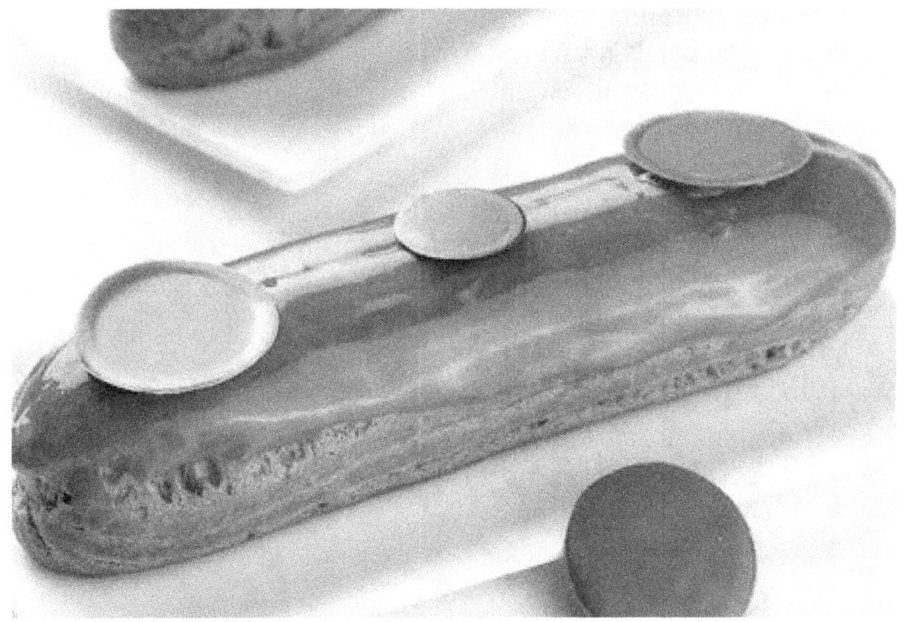

İÇİNDEKİLER:
CHOUX PASTA İÇİN:
- 1 bardak su
- 1/2 su bardağı tuzsuz tereyağı
- 1 fincan çok amaçlı un
- 4 büyük yumurta
- 1/2 çay kaşığı tuz

CHEESECAKE DOLGUSU İÇİN:
- 2 su bardağı krem peynir, yumuşatılmış
- 1/2 su bardağı toz şeker
- 1 çay kaşığı vanilya özü

TUZLU KARAMEL SOSU İÇİN:
- 1 su bardağı toz şeker
- 1/4 su bardağı su
- 1/2 su bardağı tuzsuz tereyağı
- 1/2 bardak ağır krema
- 1 çay kaşığı deniz tuzu

TALİMATLAR:
PASTA HAMURU:
a) Fırınınızı 200°C'ye (400°F) önceden ısıtın. Bir fırın tepsisini parşömen kağıdıyla hizalayın.
b) Orta boy bir tencerede, su ve tereyağını orta ateşte kaynatın.
c) Karışım bir top oluşana kadar sürekli karıştırarak un ve tuzu ekleyin.
ç) Ateşten alın ve birkaç dakika soğumaya bırakın.
d) Hamur pürüzsüz hale gelinceye kadar yumurtaları birer birer çırpın.
e) Hamuru büyük yuvarlak uçlu bir sıkma torbasına aktarın. Hazırlanan fırın tepsisine 4 inçlik şeritler sıkın.
f) 15-20 dakika veya altın kahverengi ve kabarıncaya kadar pişirin. Eklerlerin tamamen soğumasını bekleyin.

PEYNİRLİ KEK DOLGUSU:
g) Bir karıştırma kabında krem peyniri, şekeri ve vanilya özünü pürüzsüz hale gelinceye kadar çırpın.
ğ) Eklerler soğuduktan sonra yatay olarak ikiye bölün ve cheesecake dolgusunu alt yarılara sıkın veya kaşıkla sıkın.

TUZLU KARAMEL SOS:
h) Bir tencerede şekeri ve suyu orta ateşte birleştirin. Şeker eriyene kadar karıştırın.
ı) Karışımın, kehribar rengine dönene kadar ara sıra karıştırarak kaynamasına izin verin.
i) Tereyağını ekleyip eriyene kadar karıştırın. Sürekli karıştırarak ağır kremayı yavaşça dökün.
j) Ateşten alın ve deniz tuzunu ilave ederek karıştırın. Karamel sosunu biraz soğumaya bırakın.

TOPLANTI:
k) Her bir eklerdeki cheesecake dolgusunun üzerine tuzlu karamel sosunu gezdirin.
l) Eklerlerin üst yarımlarını tekrar yerleştirin.
m) Tuzlu Karamelli Cheesecake Eklerini servis yapmadan önce en az bir saat buzdolabında saklayın. Kremalı cheesecake, zengin tuzlu karamel ve hafif choux böreğinin muhteşem kombinasyonunun tadını çıkarın!

90.Fıstıklı Pralinli Cheesecake Ekleri

İÇİNDEKİLER:
CHOUX PASTA İÇİN:
- 1 bardak su
- 1/2 su bardağı tuzsuz tereyağı
- 1 fincan çok amaçlı un
- 4 büyük yumurta
- 1/2 çay kaşığı tuz

CHEESECAKE DOLGUSU İÇİN:
- 2 su bardağı krem peynir, yumuşatılmış
- 1/2 su bardağı toz şeker
- 1 çay kaşığı vanilya özü

FISTIKLI PRALİN İÇİN:
- 1/2 su bardağı kabukları soyulmuş antep fıstığı, ince doğranmış
- 1/2 su bardağı toz şeker
- 2 yemek kaşığı su

GLAZÜR İÇİN:
- 1/2 su bardağı pudra şekeri
- 2 yemek kaşığı süt
- 1/4 su bardağı kıyılmış fıstık (garnitür için)

TALİMATLAR:
PASTA HAMURU:
a) Fırınınızı 200°C'ye (400°F) önceden ısıtın. Bir fırın tepsisini parşömen kağıdıyla hizalayın.
b) Orta boy bir tencerede, su ve tereyağını orta ateşte kaynatın.
c) Karışım bir top oluşana kadar sürekli karıştırarak un ve tuzu ekleyin.
ç) Ateşten alın ve birkaç dakika soğumaya bırakın.
d) Hamur pürüzsüz hale gelinceye kadar yumurtaları birer birer çırpın.
e) Hamuru büyük yuvarlak uçlu bir sıkma torbasına aktarın. Hazırlanan fırın tepsisine 4 inçlik şeritler sıkın.
f) 15-20 dakika veya altın kahverengi ve kabarıncaya kadar pişirin. Eklerlerin tamamen soğumasını bekleyin.

PEYNİRLİ KEK DOLGUSU:
g) Bir karıştırma kabında krem peyniri, şekeri ve vanilya özünü pürüzsüz hale gelinceye kadar çırpın.

ğ) Eklerler soğuduktan sonra yatay olarak ikiye bölün ve cheesecake dolgusunu alt yarılara sıkın veya kaşıkla sıkın.

ANTEP FISTIĞI PRALİN:

h) Bir tencerede şekeri ve suyu orta ateşte birleştirin. Şeker eriyene kadar karıştırın.

ı) Karışımın, altın kahverengiye dönene kadar ara sıra karıştırarak kaynamasına izin verin.

i) İnce kıyılmış antep fıstığını karıştırın ve ardından soğuması ve sertleşmesi için hemen antep fıstığı pralinini parşömen kaplı bir yüzeye dökün.

j) Soğuduktan sonra pralini küçük parçalara bölün.

TOPLANTI:

k) Her bir eklerdeki cheesecake dolgusunun üzerine fıstıklı pralin parçalarını serpin.

l) Eklerlerin üst yarımlarını tekrar yerleştirin.

SIR:

m) Küçük bir kapta pudra şekeri ve sütü pürüzsüz hale gelinceye kadar çırpın.

n) Sırları bir araya getirilen eklerlerin üzerine gezdirin.

GARNİTÜR:

o) Ekstra fıstık ezmesi için üzerine kıyılmış fıstık serpin.

ö) Servis yapmadan önce Antep Fıstıklı Pralinli Cheesecake Eklerini en az bir saat buzdolabında saklayın. Kremalı cheesecake, fıstıklı pralin ve hafif choux böreğinin enfes kombinasyonunun tadını çıkarın!

91. Hindistan Cevizli Kremalı Cheesecake Ekleri

İÇİNDEKİLER:
CHOUX PASTA İÇİN:
- 1 bardak su
- 1/2 su bardağı tuzsuz tereyağı
- 1 fincan çok amaçlı un
- 4 büyük yumurta
- 1/2 çay kaşığı tuz

CHEESECAKE DOLGUSU İÇİN:
- 2 su bardağı krem peynir, yumuşatılmış
- 1/2 su bardağı toz şeker
- 1 çay kaşığı vanilya özü

HİNDİSTAN CEVİZİ KREMASI DOLGUSU İÇİN:
- 1 su bardağı hindistan cevizi kreması
- 1/4 su bardağı pudra şekeri
- 1/2 çay kaşığı hindistan cevizi özü

Hindistan cevizi tepesi için:
- 1 su bardağı kıyılmış hindistan cevizi, kızartılmış

TALİMATLAR:
PASTA HAMURU:
a) Fırınınızı 200°C'ye (400°F) önceden ısıtın. Bir fırın tepsisini parşömen kağıdıyla hizalayın.
b) Orta boy bir tencerede, su ve tereyağını orta ateşte kaynatın.
c) Karışım bir top oluşana kadar sürekli karıştırarak un ve tuzu ekleyin.
ç) Ateşten alın ve birkaç dakika soğumaya bırakın.
d) Hamur pürüzsüz hale gelinceye kadar yumurtaları birer birer çırpın.
e) Hamuru büyük yuvarlak uçlu bir sıkma torbasına aktarın. Hazırlanan fırın tepsisine 4 inçlik şeritler sıkın.
f) 15-20 dakika veya altın kahverengi ve kabarıncaya kadar pişirin. Eklerlerin tamamen soğumasını bekleyin.

PEYNİRLİ KEK DOLGUSU:
g) Bir karıştırma kabında krem peyniri, şekeri ve vanilya özünü pürüzsüz hale gelinceye kadar çırpın.
ğ) Eklerler soğuduktan sonra yatay olarak ikiye bölün ve cheesecake dolgusunu alt yarılara sıkın veya kaşıkla sıkın.

HİNDİSTAN CEVİZİ KREMASI DOLGU:
h) Ayrı bir kapta hindistan cevizi kremasını, pudra şekerini ve hindistan cevizi özünü yumuşak zirveler oluşuncaya kadar çırpın.
ı) Hindistan cevizi kreması karışımını cheesecake dolgusuna yavaşça katlayın.

TOPLANTI:
i) Hindistan ceviziyle doldurulmuş cheesecake'i eklerlerin alt yarısına sıkın veya kaşıkla doldurun.
j) Eklerlerin üst yarımlarını tekrar yerleştirin.

Hindistan cevizi tepesi:
k) Kıyılmış hindistancevizini kuru bir tavada orta ateşte altın rengi kahverengi olana kadar kızartın.
l) Enfes bir hindistancevizi çıtırtısı için kızartılmış kıyılmış hindistan cevizini dolgulu eklerlerin üzerine serpin.
m) Hindistan Cevizli Kremalı Cheesecake Eklerlerini servis etmeden önce en az bir saat buzdolabında saklayın. Kremalı cheesecake ve hafif choux böreği ile birlikte hindistan cevizinin tropik lezzetlerinin tadını çıkarın!

92.Çilekli Cheesecake Eklerleri

İÇİNDEKİLER:
CHOUX PASTA İÇİN:
- 1 bardak su
- 1/2 su bardağı tuzsuz tereyağı
- 1 fincan çok amaçlı un
- 4 büyük yumurta
- 1/2 çay kaşığı tuz

CHEESECAKE DOLGUSU İÇİN:
- 2 su bardağı krem peynir, yumuşatılmış
- 1/2 su bardağı toz şeker
- 1 çay kaşığı vanilya özü

ÇİLEK DOLGUSU İÇİN:
- 1 su bardağı taze çilek, kabuğu soyulmuş ve doğranmış
- 2 yemek kaşığı toz şeker

ÇİLEK SIRASI İÇİN:
- 1 su bardağı taze çilek, kabuğu soyulmuş ve püre haline getirilmiş
- 1/4 su bardağı pudra şekeri

TALİMATLAR:
PASTA HAMURU:
a) Fırınınızı 200°C'ye (400°F) önceden ısıtın. Bir fırın tepsisini parşömen kağıdıyla hizalayın.
b) Orta boy bir tencerede, su ve tereyağını orta ateşte kaynatın.
c) Karışım bir top oluşana kadar sürekli karıştırarak un ve tuzu ekleyin.
ç) Ateşten alın ve birkaç dakika soğumaya bırakın.
d) Hamur pürüzsüz hale gelinceye kadar yumurtaları birer birer çırpın.
e) Hamuru büyük yuvarlak uçlu bir sıkma torbasına aktarın. Hazırlanan fırın tepsisine 4 inçlik şeritler sıkın.
f) 15-20 dakika veya altın kahverengi ve kabarıncaya kadar pişirin. Eklerlerin tamamen soğumasını bekleyin.

PEYNİRLİ KEK DOLGUSU:
g) Bir karıştırma kabında krem peyniri, şekeri ve vanilya özünü pürüzsüz hale gelinceye kadar çırpın.

ğ) Eklerler soğuduktan sonra yatay olarak ikiye bölün ve cheesecake dolgusunu alt yarılara sıkın veya kaşıkla sıkın.

ÇİLEK DOLGUSU:

h) Ayrı bir kapta doğranmış çilekleri ve toz şekeri birleştirin.
ı) Yaklaşık 15 dakika kadar yumuşamalarını sağlayın.

TOPLANTI:

i) Her bir eklerdeki cheesecake dolgusunun üzerine yumuşatılmış çilek karışımını kaşıkla dökün.
j) Eklerlerin üst yarımlarını tekrar yerleştirin.

ÇİLEK SIRASI:

k) Taze çilekleri püre haline getirin ve pudra şekeriyle karıştırarak pürüzsüz bir sır elde edin.
l) Çilek sosunu bir araya getirilen eklerlerin üzerine gezdirin.
m) Çilekli Cheesecake Eklerlerini servis etmeden önce en az bir saat buzdolabında saklayın. Kremalı cheesecake, tatlı çilekler ve hafif choux böreğinin tatlı kombinasyonunun tadını çıkarın!

93.Limonlu Cheesecake Ekleri

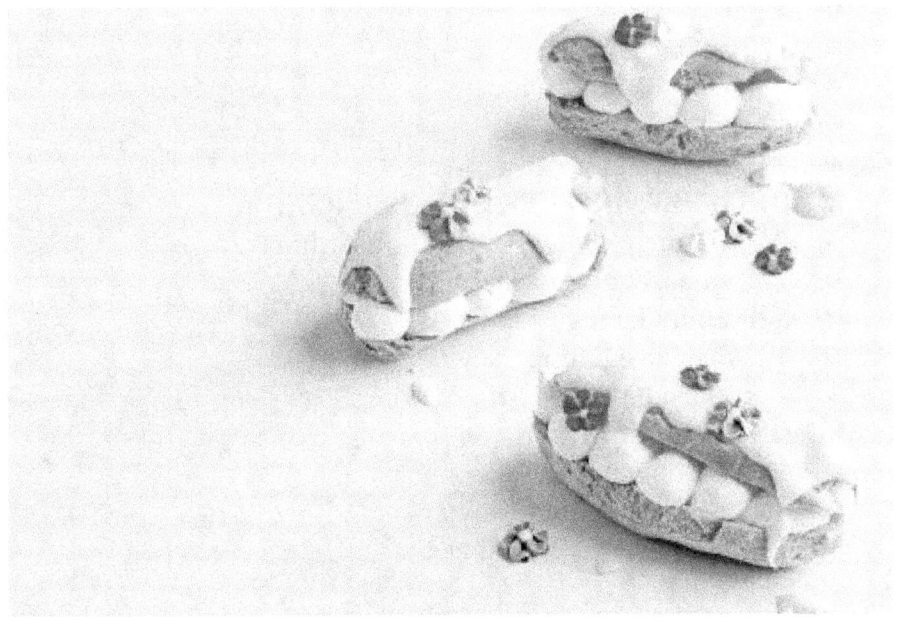

İÇİNDEKİLER:
CHOUX PASTA İÇİN:
- 1 bardak su
- 1/2 su bardağı tuzsuz tereyağı
- 1 fincan çok amaçlı un
- 4 büyük yumurta
- 1/2 çay kaşığı tuz

LİMONLU PEYNİRLİ KEK DOLGUSU İÇİN:
- 2 su bardağı krem peynir, yumuşatılmış
- 1/2 su bardağı toz şeker
- 2 limonun kabuğu rendesi
- 1 yemek kaşığı limon suyu
- 1 çay kaşığı vanilya özü

LİMON SIRASI İÇİN:
- 1 su bardağı pudra şekeri
- 2 yemek kaşığı limon suyu
- 1 limon kabuğu rendesi ve

TALİMATLAR:
PASTA HAMURU:
a) Fırınınızı 200°C'ye (400°F) önceden ısıtın. Bir fırın tepsisini parşömen kağıdıyla hizalayın.
b) Orta boy bir tencerede, su ve tereyağını orta ateşte kaynatın.
c) Karışım bir top oluşana kadar sürekli karıştırarak un ve tuzu ekleyin.
ç) Ateşten alın ve birkaç dakika soğumaya bırakın.
d) Hamur pürüzsüz hale gelinceye kadar yumurtaları birer birer çırpın.
e) Hamuru büyük yuvarlak uçlu bir sıkma torbasına aktarın. Hazırlanan fırın tepsisine 4 inçlik şeritler sıkın.
f) 15-20 dakika veya altın kahverengi ve kabarıncaya kadar pişirin. Eklerlerin tamamen soğumasını bekleyin.

LİMONLU PEYNİRLİ KEK DOLGUSU:
g) Bir karıştırma kabında krem peyniri, şekeri, limon kabuğu rendesini, limon suyunu ve vanilya özünü pürüzsüz hale gelinceye kadar çırpın.

ğ) Eklerler soğuduktan sonra yatay olarak ikiye bölün ve limonlu cheesecake dolgusunu alt yarılara sıkın veya kaşıkla sıkın.

LİMON SIRASI:

h) Küçük bir kapta pudra şekeri, limon suyu ve limon kabuğu rendesini pürüzsüz hale gelinceye kadar çırpın.

ı) Birleştirilmiş eklerlerin üzerine limon sırını gezdirin.

i) Limonlu Cheesecake Eklerlerini servis yapmadan önce en az bir saat buzdolabında saklayın. Kremalı limonlu cheesecake ve hafif choux böreğinin canlandırıcı kombinasyonunun tadını çıkarın!

ECLAIR'DEN İLHAM ALAN TARİFLER

94.Muzlu pasta kruvasanlar

İÇİNDEKİLER:

- 4 Dondurulmuş kruvasan
- 2 kare yarı tatlı çikolata
- 1 yemek kaşığı Tereyağı
- ¼ bardak elenmiş şekerleme şekeri
- 1 çay kaşığı Sıcak su; 2 'ye kadar
- 1 su bardağı vanilyalı puding
- 2 orta boy Muz; dilimlenmiş

TALİMATLAR:

a) Dondurulmuş kruvasanları uzunlamasına ikiye bölün; birlikte ayrılmak. Dondurulmuş kruvasanları yağlanmamış fırın tepsisinde önceden ısıtılmış 325°F sıcaklıkta ısıtın. fırında 9-11 dakika.

b) Çikolata ve tereyağını birlikte eritin. Sürülebilir sır yapmak için şekeri ve suyu karıştırın.

c) Her kruvasanın alt yarısına ¼ bardak puding sürün. Üstünü dilimlenmiş muzlarla süsleyin.

ç) Kruvasan üstlerini değiştirin; çikolata sosunun üzerine gezdirin.

d) Sert.

95. Kremalı Puflar ve Eklerli Halka Kek

İÇİNDEKİLER:

- 1 su bardağı ılık su
- 4 yemek kaşığı (½ çubuk) tuzsuz tereyağı, parçalar halinde kesilmiş
- 1 su bardağı ağartılmamış çok amaçlı un veya glutensiz un
- 4 büyük yumurta, oda sıcaklığında
- Tuzlu Vanilyalı Dondurulmuş Muhallebi veya Tuzlu Keçi Sütlü Çikolatalı Dondurulmuş Muhallebi
- Çikolata Sır (4 yemek kaşığı tam yağlı süt kullanın)

TALİMATLAR:

a) Fırını önceden 400°F'ye ısıtın.
b) Suyu ve tereyağını orta ağır bir tencerede birleştirin ve tereyağını eritmek için karıştırarak kaynatın. Unun tamamını dökün ve karışım bir top oluşana kadar karıştırın.
c) Ocaktan alıp yumurtaları teker teker ekleyip elektrikli mikserle çırpın.

KREMLİ PUFLAR İÇİN

ç) Yağlanmamış bir kurabiye tabakasına altı adet 4 inçlik bireysel hamur yığınlarını kaşıklayın (daha küçük puflar için on iki adet 2 inçlik tümsekler yapın). Altın kahverengi olana kadar yaklaşık 45 dakika pişirin. Fırından çıkarın ve soğumaya bırakın.

EKLER İÇİN

d) ¼ inçlik düz uçlu bir hamur işi poşeti takın, ardından altı ila on iki adet 4 inçlik şeritleri yağlanmamış bir kurabiye kağıdına sıkın. Altın kahverengi olana kadar yaklaşık 45 dakika pişirin. Fırından çıkarın ve soğumaya bırakın.

YÜZÜK KEK İÇİN

e) 12 inçlik oval yapmak için yağlanmamış bir kurabiye tabakasına kaşık dolusu hamur bırakın. Altın kahverengi olana kadar 45 ila 50 dakika pişirin. Fırından çıkarın ve soğumaya bırakın.

MONTAJLAMA

f) Glazeyi hazırlayın. Kremalı pufları, eklerleri veya halka keki ikiye bölün. Dondurmayı doldurun ve üstünü/üstlerini tekrar takın.

g) Kremalı puflar için, her pufun üstünü çikolataya batırın. Eklerler için kremayı üzerlerine cömertçe kaşıklayın. Halka kek için 5 yemek kaşığı sütü daha karıştırın; halka kekin üzerine gezdirin.

ğ) Servis yapmak için hamur işlerini veya pasta dilimlerini tabaklara yerleştirin.

96.Çikolatalı Badem Kruvasan Eklerleri

İÇİNDEKİLER:

PÂTE À CHOUX İÇİN:
- 1/2 su bardağı su
- 1/2 bardak tam yağlı süt
- 1/2 su bardağı tuzsuz tereyağı, küp şeklinde
- 1/2 çay kaşığı tuz
- 1 çay kaşığı şeker
- 1 fincan çok amaçlı un
- 4 büyük yumurta, oda sıcaklığında

ÇİKOLATALI BADEM DOLGUSU İÇİN:
- 1 bardak ağır krema
- 1 su bardağı yarı tatlı çikolata parçaları
- 1/2 bardak badem ezmesi

ÇİKOLATA SIRASI İÇİN:
- 1/2 bardak yarı tatlı çikolata parçacıkları
- 2 yemek kaşığı tuzsuz tereyağı
- 1 yemek kaşığı mısır şurubu

TALİMATLAR

a) Fırını önceden 375°F'ye ısıtın. Bir fırın tepsisini parşömen kağıdıyla hizalayın.

b) Orta boy bir tencerede su, süt, tereyağı, tuz ve şekeri birleştirin. Tereyağı eriyene ve karışım kaynama noktasına gelene kadar orta ateşte ısıtın.

c) Unu bir kerede ekleyin ve karışım bir top oluşturup tavanın kenarlarından çekilinceye kadar tahta bir kaşıkla kuvvetlice karıştırın.

ç) Tavayı ocaktan alın ve 5 dakika soğumaya bırakın.

d) Karışım pürüzsüz ve parlak oluncaya kadar her eklemeden sonra iyice çırparak yumurtaları birer birer ekleyin.

e) Büyük yuvarlak uçlu bir hamur torbası takın ve choux hamurunu doldurun.

f) Hamur işini hazırlanan fırın tepsisine sıkın ve 6 inç uzunluğunda eklerler oluşturun.

g) 25-30 dakika veya altın kahverengi ve kabarıncaya kadar pişirin.

ğ) Fırından çıkarın ve tamamen soğumaya bırakın.

h) Orta boy bir tencerede, ağır kremayı kaynayana kadar ısıtın.
ı) Ocaktan alıp çikolata parçacıklarını ve badem ezmesini ekleyin. Çikolata eriyene ve karışım pürüzsüz hale gelinceye kadar karıştırın.
i) Her eklerin alt kısmında küçük bir yarık kesin ve dolguyu ortasına sıkın.
j) Küçük bir tencerede çikolata parçacıklarını, tereyağını ve mısır şurubunu kısık ateşte sürekli karıştırarak pürüzsüz hale gelinceye kadar eritin.
k) Her bir eklerin üst kısmını çikolata sosuna batırın ve soğuması için tel ızgara üzerine yerleştirin.
l) İsteğe bağlı: Dilimlenmiş badem serpin.

97.Çikolatalı Ekler Barlar

İÇİNDEKİLER:
ECLAIR'LER İÇİN:
- 15 ila 20 vegan Graham kraker, bölünmüş
- 3½ bardak badem sütü veya diğer bitkisel bazlı süt
- 2 (3,4 ons) paket hazır vegan vanilyalı puding karışımı
- 3 bardak Hindistan Cevizli Krem Şanti veya mağazadan satın alınan

ÜSTÜ İÇİN:
- ¼ bardak süt içermeyen çikolata parçaları
- 2 yemek kaşığı vegan tereyağı, oda sıcaklığında
- 1½ su bardağı pudra şekeri
- 3 yemek kaşığı badem sütü veya diğer bitki bazlı süt
- 1 çay kaşığı hafif mısır şurubu
- 1 çay kaşığı vanilya özü

TALİMATLAR:
EKLERLERİ YAPIN:

a) 9 x 13 inçlik bir fırın tepsisinde, krakerlerin yarısını katlayın, gerekirse sığması için ikiye bölün.

b) Büyük bir kapta süt ve hazır puding karışımını birleştirin. 2 dakika çırpın. 2 ila 3 dakika bekletin. Çırpılmış kremayı söndürmemeye dikkat ederek yavaşça katlayın ve kraker tabakasının üzerine eşit şekilde dağıtın. Kalan krakerleri üstüne koyun ve soğutun.

KAPLAMAYI YAPIN:

c) Kaynayan 2 ila 3 inçlik su ile dolu bir tencerenin üzerine yerleştirilmiş ısıya dayanıklı bir cam kapta, çikolata parçacıklarını ve tereyağını sık sık karıştırarak eriyene kadar ısıtın.

ç) Şeker, süt, mısır şurubu ve vanilyayı karıştırın.

d) Kraker tabakasını üzerine yayın, örtün ve en az 8 saat buzdolabında saklayın.

e) Servis yapmaya hazır olduğunuzda karelere kesin.

98.Çikolatalı ekler pastası

İÇİNDEKİLER:
- 1 kutu veya tam graham kraker
- 2 küçük kutu Fransız Vanilyalı hazır puding
- 3 bardak süt
- 1 8 oz. konteyner Soğuk Kırbaç
- 1 kutu sütlü çikolata kreması

TALİMATLAR:
KARIŞIM:
a) Puding, süt ve Cool Whip'i birleştirin. Koyulaşana kadar karıştırın.

KATMANLAR:
b) 9x13'lük bir tavanın dibinde bir katman graham kraker oluşturun.
c) Puding karışımının yarısını krakerlerin üzerine dökün.
ç) Karışımın üzerine başka bir graham kraker tabakası yerleştirin.
d) Karışımın kalan yarısını graham krakerlerinin üzerine dökün.
e) Karışımın üzerine son bir kat graham kraker ekleyin.

BUZLANMA:
f) Sütlü çikolata kremasını tüm yüzeye yayın.

BÜYÜK SOĞUK:
g) Tatların birbirine karışması ve tatlının sertleşmesi için gece boyunca soğutun.
ğ) Eğlence!

99.Fıstıklı Güllü Ekler Pasta

İÇİNDEKİLER:
CHOUX PASTA İÇİN:
- 1 bardak su
- 1/2 su bardağı tuzsuz tereyağı
- 1 fincan çok amaçlı un
- 4 büyük yumurta

DOLGU İÇİN:
- 2 su bardağı fıstık gül aromalı pastacı kreması

GLAZÜR İÇİN:
- 1/2 bardak beyaz çikolata, doğranmış
- 1/4 su bardağı tuzsuz tereyağı
- Birkaç damla gül suyu veya gül özü
- Dövülmüş Antep fıstığı (süslemek için)

TALİMATLAR:
PASTA HAMURU:
a) Fırınınızı önceden 375°F'ye (190°C) ısıtın ve fırın tepsisini parşömen kağıdıyla kaplayın.
b) Bir tencerede su ve tereyağını birleştirin. Tereyağı eriyene ve karışım kaynayana kadar orta ateşte ısıtın.
c) Ateşten alın, unu ekleyin ve karışım bir top oluşana kadar kuvvetlice karıştırın.
ç) Hamuru birkaç dakika soğumaya bırakın, ardından yumurtaları birer birer ekleyin ve her eklemeden sonra iyice çırpın.
d) Hamuru sıkma torbasına aktarın ve hazırlanan fırın tepsisine éclair şekilleri sıkın.
e) Yaklaşık 30 dakika veya altın rengi kahverengi olana kadar pişirin. Soğumaya bırakın.

DOLGU:
f) Fıstıklı gül aromalı pastacı kremasını hazırlayın. Öğütülmüş antep fıstıklarını ve bir miktar gül suyu veya gül ekstraktını klasik bir pastacı kreması tarifinde birleştirin veya önceden hazırlanmış fıstıklı gül aromalı pastacı kremasını kullanın.
g) Eklerlerin içine fıstık gülü aromalı pastacı kremasını sıkma torbası veya küçük bir kaşık kullanarak doldurun.

SIR:

ğ) Isıya dayanıklı bir kapta beyaz çikolatayı ve tereyağını benmari usulü eritin.
h) Ateşten alın, birkaç damla gül suyu veya gül özü ekleyin ve pürüzsüz hale gelinceye kadar karıştırın.
ı) Her bir eklerin üstünü beyaz çikolata sosuna batırın ve eşit kaplama sağlayın. Fazlalığın damlamasına izin verin.
i) Garnitür olarak sırlı eklerlerin üzerine ezilmiş antep fıstığı serpin.
j) Sırlı eklerleri buzdolabına koyarak sırın sertleşmesini sağlayın.
k) Soğuk servis yapın ve Fıstıklı Güllü Ekler Pasta'da fıstık ve gül lezzetlerinin eşsiz birleşiminin tadını çıkarın!

100.Akçaağaç Pastırmalı Ekler Lokmaları

İÇİNDEKİLER:
CHOUX PASTA İÇİN:
- 1 bardak su
- 1/2 su bardağı tuzsuz tereyağı
- 1 fincan çok amaçlı un
- 4 büyük yumurta

DOLGU İÇİN:
- 2 su bardağı akçaağaç aromalı pasta kreması
- (Klasik bir pasta kreması tarifinde akçaağaç şurubu veya akçaağaç ekstraktını birleştirin veya önceden hazırlanmış akçaağaç aromalı pasta kreması kullanın.)

PASTIRMA ÜSTÜ İÇİN:
- 1/2 su bardağı pişmiş ve ufalanmış pastırma

AĞAÇ SIRASI İÇİN:
- 1/2 bardak akçaağaç şurubu
- 1/4 su bardağı tuzsuz tereyağı
- 1 su bardağı pudra şekeri

TALİMATLAR:
PASTA HAMURU:

a) Fırınınızı önceden 375°F'ye (190°C) ısıtın ve fırın tepsisini parşömen kağıdıyla kaplayın.

b) Bir tencerede su ve tereyağını birleştirin. Tereyağı eriyene ve karışım kaynayana kadar orta ateşte ısıtın.

c) Ateşten alın, unu ekleyin ve karışım bir top oluşana kadar kuvvetlice karıştırın.

ç) Hamuru birkaç dakika soğumaya bırakın, ardından yumurtaları birer birer ekleyin ve her eklemeden sonra iyice çırpın.

d) Hamuru sıkma torbasına aktarın ve hazırlanan fırın tepsisine eklerleri sıkın.

e) Yaklaşık 30 dakika veya altın rengi kahverengi olana kadar pişirin. Soğumaya bırakın.

DOLGU:

f) Akçaağaç aromalı pasta kremasını hazırlayın. Akçaağaç şurubunu veya akçaağaç özünü klasik bir pasta kreması tarifinde birleştirin veya önceden hazırlanmış akçaağaç aromalı bir pasta kreması kullanın.

g) Eklerlerin içine akçaağaç aromalı pastacı kremasını sıkma torbası veya küçük bir kaşık kullanarak doldurun.

PASTIRMA TESİSATI:
ğ) Pastırmayı çıtır çıtır olana kadar pişirin, ardından küçük parçalara ayırın.
h) Ufalanmış pastırmayı doldurulmuş eklerlerin üzerine cömertçe serpin, eşit kaplama sağlayın.

Akçaağaç Sır:
ı) Bir tencerede akçaağaç şurubu ve tereyağını birleştirin. Karışım pürüzsüz hale gelinceye kadar orta ateşte ısıtın.
i) Ateşten alın, pudra şekeri ekleyin ve sır iyice birleşene kadar karıştırın.
j) Akçaağaç sırını pastırma kaplı eklerlerin üzerine gezdirerek eşit bir kaplama sağlayın.
k) Soğutulmuş olarak servis yapın ve Maple Bacon Éclair Bites'in tatlı ve tuzlu lezzetinin tadını çıkarın!

ÇÖZÜM

"Nihai Fransız Eklerleri Rehberi" ile nefis yolculuğumuzu tamamlarken, ekler yapma sanatında ustalaşmanın ve bu Fransız lezzetlerini kendi mutfağınızda yaratmanın mutluluğunu yaşadığınızı umuyoruz. Bu sayfalardaki her tarif, eklerlerin sofranıza getirdiği hassasiyetin, zarafetin ve hoşgörünün bir kutlamasıdır; evde fırıncılık kalitesinde sonuçlar elde etmenin memnuniyetinin bir kanıtıdır.

İster klasik çikolatalı eklerlerin tadını çıkarın, ister meyve dolgulu çeşitleri deneyin, ister ipeksi pasta kreması sanatını mükemmelleştirin, bu tariflerin ve tekniklerin size ekler dünyasını güvenle kucaklamanız için ilham verdiğine inanıyoruz. Malzemelerin ve adımların ötesinde, Fransız eklerleri yapma konsepti bir gurur, yaratıcılık ve bu enfes ikramları aileniz ve arkadaşlarınızla paylaşmanın neşesi kaynağı olsun.

Mutfak yolculuğunuza devam ederken, becerilerinizi sergileyen ve evinize Paris'in cazibesini getiren çeşitli eklerleri yaratmanız için size bilgi ve ilham veren "Nihai Fransız Eklerleri Rehberi" güvenilir arkadaşınız olsun. İşte ekler yapma sanatında ustalaşmak ve başarının tatlı anlarının tadını çıkarmak için; afiyet olsun!

www.ingramcontent.com/pod-product-compliance
Lightning Source LLC
Chambersburg PA
CBHW071301110526
44591CB00010B/740